«Dios permitió qu[illegible] la actual, la llamada era digital. También la capacitó y le concedió muchos dones maravillosos para que pudiera utilizar sobre todo el mayor de ellos: alcanzar a millones de personas a través del medio digital a fin de que conozcan la gracia maravillosa de Jesús. Ha sido de gran bendición para la Iglesia Bautista da Lagoinha. Y hoy la quiero bendecir.»

—**Marcio Valadão**, Pastor presidente de la Iglesia Bautista de Lagoinha, Belo Horizonte, Minas Gerais, Brasil).

«Los tiempos cambiaron y las redes sociales ocupan prácticamente un lugar central en la comunicación con el público. Elisandra es una amiga muy querida y una de las personas más competentes que conozco en el tema. La admiro no solo como profesional en el área, sino también como una cristiana consciente de que tiene mucho por contribuir a la iglesia de estos días.»

—**Nívea Soares**, Directora de Alabanza.

«El libro *Redes Sociales para la Iglesia* es una herramienta dada por Dios. Su pedagogía es simple, actual y eficaz, como lo es la autora. Usted se podrá informar de un modo rápido e inteligente. Es el libro que todo pastor y líder deberían leer para comprender mejor a esta generación.»

—**Giovanny Lima**, Pastor de La Iglesia Bautista Betánia, Ministerio *Toca da Justiça*).

«Elis es una persona especial. Y su libro no podría ser diferente. Dulce y firme. Rico y completo. Lo que más me gusta de esta publicación es su profundidad conceptual y su aplicación fácil a cualquier ámbito colectivo. Y aunque está dirigido a la iglesia, se trata de un material lo suficientemente bueno como para aplicarlo en empresas, asociaciones, ONGs, clubes y otros.»

—**Thais R. Croitor**, Gerente de Comunicación de la Igresia *Bola de Neve* y Directora de Comunicaciones Estratégicas Sustentar.

«La iglesia fue llamada a ser luz en todas las áreas de la sociedad. En Comunicación y Social Media no es diferente. Elis Amâncio es una mujer a quien Dios levantó para proveer herramientas al cuerpo de Cristo, mediante la enseñanza y capacitación en un área necesitada de cambios urgentes.»

—**Helena Tannure,** Pastora, escritora y conferencista.

«Sin dudas, Elis es una de las profesionales más bondadosas que conozco. Además de ser una óptima compañera, es alguien extremadamente comprometida y estratégica.»

—**Raquel Camargo**, Periodista, profesora especializada en Marketing Digital, con un Master en estudios del lenguaje.

«No nos engañemos. Las redes sociales son un tema incomprensible para la mayoría. Por lo tanto necesitamos ayuda para atravesar esta selva. Y Elis Amâncio es, sin duda, la profesional más calificada en el tema. Competencia y calidad para que usted jamás se pierda en los laberintos de Internet.»

—**Clayton Olee**, Pastor y vocalista de la banda musical *Discopraise*).

«A pesar de que el trabajo de Elis está dirigido a las iglesias, es de gran valor para todos los profesionales de la comunicación y el marketing digital. Utilizo siempre sus materiales como consulta para ayudar a mis clientes y para elaborar mis propios contenidos. El e-book fue fundamental para incluir datos actuales del mercado en mis presentaciones. Además es una excelente guía para la elaboración de estrategias digitales, independientemente del área de la empresa en la que uno esté. ¡Estoy ansiosa por leer los nuevos capítulos de la versión impresa!»

—**Tati Apolinario**, Gestora de Relaciones Públicas de mLabs.

«En tiempos en los que la verdad se ha relativizado no sirve escuchar cualquier palabra. Es necesario saber comunicarnos del modo correcto en cada área de la Social Media a fin de que nos comprendan mejor.»

—**Luis Felipe Pires Pinheiro de Lima**, Pastor de la *Lagoinha Mineirão*.

REDES SOCIALES PARA LA IGLESIA

Cómo usar los medios digitales para el Reino

elis amâncio

PATMOS

Redes Sociales para la Iglesia:
Cómo usar los medios digitales para el Reino

Publicado por Editorial Patmos,
Miami, FL 33166

Publicado originalmente en portugués con el título *Mídias Sociais na Igreja: Usando o meio digital para o Reino.*

Diseño gráfico: Adrián Romano.
Foto de la autora: Deborah Luna.
Traducción al español: Florencia Himitian.

ISBN: 978-1-64691-052-6

Categoría: Vida cristiana / Iglesia / Redes sociales

Impreso en Brasil | *Printed in Brazil*

Dedicatoria

A las dos mujeres de mi vida, responsables de la persona que hoy soy: a mi madre Neide y a mi hija Sarah.

Agradecimientos

Agradezco a Dios por haber despertado en mí este amor por comunicar. Entender que el medio digital es una excelente herramienta para la iglesia de hoy ha transformado mi vida.

Agradezco al amor de mi vida, mi esposo Renato Lied. Eres mi mejor amigo, compañero, confidente, incentivador. ¡Lo mejor que Dios tenía para mí!

Agradezco a mi familia: a mi padre Maurício, a mi madre Neide, a mi hija Sarah y a mi hermano Marcelo, por estar siempre a mi lado.

Agradezco a mis amigas (madrinas): Cibelle, Karen, Nayara, Priscila y Raquel. Ustedes son mi soporte en todo momento.

Agradezco a los pastores Leonardo y Vanessa Capochim. Todo comenzó con la invitación que me hicieron para dar clases en Carisma, en 2010. ¡Jamás lo olvidaré!

Agradezco a mi amiga y periodista Ana Paula Costa por alentarme, incentivarme y siempre estar allí.

Agradezco a mi amigo Luiz Queiroz por el profesionalismo y el compromiso en la diagramación de la edición digital, que fue esencial para que el libro se pudiera publicar.

Agradezco a Hugo de *Promove Artes Gráficas* y a su equipo por abrazar este proyecto y trabajar en él con excelencia.

Agradezco a todos los que me invitaron a dar charlas o clases en todo el Brasil acerca del tema «Social Media».

Agradezco al pastor Márcio Valadão, visionario y gran incentivador.

Agradezco a los que asistieron a mis charlas y clases. El feedback sincero con ustedes hizo que este libro fuera posible.

Agradezco a Thomas Ribas, de la Editorial Patmos (y a todo su equipo), por ver en mí el potencial para comunicarlo a las naciones.

Y un «gracias» muy especial a todos mis seguidores de Facebook, Instagram, Twitter y YouTube. Este libro existe para ustedes.

Contenido

Presentación

Me sentí atraída por la tecnología desde mi infancia. Cuando mi coordinación motriz me lo permitió, me transformé en la fotógrafa oficial de la familia. Aprendí por mis propios medios a cambiar el rollo y las pilas de la máquina de fotos. La primera vez que vi una cámara Polaroid quedé maravillada. ¡Una cámara que imprimía fotografías instantáneas! ¡No lo podía creer! Recuerdo que el primer día en mi clase de dactilografía, a comienzos de los '90, pensé: «¡Uau! ¡Qué rápido me puedo comunicar utilizando esto!» A mediados de los '90 asistí a mis primeros cursos de informática: DOS con el famoso editor de textos *Edit* y de *Windows 3.11*. También accedí a Internet por primera vez en la década del '90, entre los años 94 y 95. En aquella época no tenía ni idea del impacto que produciría en mi vida. Creo que pocos de nosotros lo sabíamos (y seguramente muchos de los que están leyendo este libro ni habían nacido aún). Tuve —y aún tengo ¡y funciona!— una agenda/traductora electrónica que traduce más de 30 mil palabras. También tuve Walkie talkies, Walkman, Discman, Palmtop, PCs, notebooks, disquetes, MP3, pendrives, HDs externos, teléfonos celulares y smartphones. Llevo más de 20 años sumergida de forma profesional en el mundo digital, descubriendo y probando novedades.

Por diversas cuestiones personales, cursé la carrera de periodismo a una edad superior a la de la gran mayoría de mis compañeros. Y, debido a la madurez que tenía en aquel momento, aproveché bastante mi cursada y mi posgrado en Social Media y Comunicación Digital. Aun estando en la Facultad, comencé a servir en esa área en mi iglesia local, la Iglesia Bautista de Lagoinha, mediante la creación de un Blog, con el apoyo de mis líderes de ese momento: los pastores Márcio, Felippe y Mariana Valadão. Durante cuatro años tuve el honor de servir en el área de Comunicación de los jóvenes, utilizando lo mejor que existía en el medio digital. Manejábamos el Orkut y el Blog con mucha seriedad. En el Blog de los adolescentes publicaba el resumen de las predicaciones de cada sábado, subía fotografías y algunas veces videos. Cierta vez, al entrar al Analytics del Blog, me di cuenta de que gente de más de 40 países entraba a leer nuestro contenido (¡inclusive de países en los que la iglesia era perseguida!). ¡Uau! Aquello tocó mi corazón. ¿Cómo era posible que alguien que vivía en un país con restricciones religiosas leyera nuestras publicaciones? Y no solo una vez, sino que volvía a leerlo varias veces. En muchas ocasiones leí comentarios de agradecimiento sobre lo que allí se compartía.

Cuando fui a la facultad no tenía idea de que Dios utilizaría mi profesión para propagar el mensaje del Reino. Y, al leer este texto bíblico, tuve mayor certeza acerca de mi llamado: «*Y Dios me respondió: "Voy a darte a conocer lo que está por suceder. Escríbelo en unas tablas para que se lea de corrido".*» (Habacuc 2:2). ¡Qué lindo! Dios guio a Habacuc a que hiciera exactamente lo que un periodista debe hacer: «Traducir» una información para que sea de fácil comprensión, ya sea a través de un texto, fotografías, audios o videos. Independientemente del nivel intelectual o de conocimiento del público, es necesario que lo entiendan. Así que, como periodista, en aquel momento comencé a comprender mejor mi misión y a hablar de ella a los demás.

La posibilidad de usar Internet para hablar de Dios a los demás comenzó a arder tan fuerte en mi corazón que comencé a investigar cada vez más acerca de la Social Media. Estudié e implementé estrategias de Gestión de Contenidos específicamente para el público digital. Trabajé en el área de Comunicación de la Iglesia de Loginha; fui asesora de prensa (comunicación) de varias personas, tales como: André Valadão, Diante do Trono, Nívea Soares, Mariana Valadão, Helena Tannure y Bianca Pagliarin, entre otros. Y así aprendí en la teoría y en la práctica la importancia del uso adecuado y consciente de cada red social.

Desde el año 2010 doy charlas en el Seminario Teológico Carisma y en el Centro de Entrenamiento Ministerial *Diante do Trono* (CTMDT), ambos vinculados a la IBL, sobre los siguientes temas: Los medios y el ministerio y los medios aplicados al ministerio pastoral. También soy profesora y enseño acerca de la *Social Media en la iglesia* en el Instituto Nissi de Misiones (compañía de teatro Jeová Nissi, en Ibiúna/San Pablo), en la Escuela de Discípulos ADNA (Asamblea de Dios Nueva Alianza, en Cuiabá/MT), y en otras instituciones de enseñanza cristiana a las que voy como profesora invitada. Asimismo, doy conferencias en todo el Brasil acerca del uso de la Comunicación y la Social Media a iglesias, ministerios y miembros.

En un primer momento la idea fue lanzar un e-book gratuito como punto de partida para que se generaran nuevas charlas con los lectores acerca del uso de la Social Media en la iglesia. No se trata simplemente de crear un tutorial exitoso en el medio digital sino de generar una reflexión acerca de que, como embajadores de Cristo (2 Corintios 5:20), debemos estar más atentos a lo que publicamos y compartimos en Internet. No solo a nivel institucional, como iglesia o ministerio, sino en nuestros perfiles personales. Al fin y al cabo, al árbol se lo conoce por sus frutos (Lucas 6:43-45).

Un año después (¡prácticamente un embarazo y un parto!) del lanzamiento de la versión digital gratuita en portugués, que se encuentra en mi página web (www.elisamancio.com.br), publiqué una versión más profunda, detallada y un poco más técnica que la edición digital, con datos que tomé de Internet a nivel mundial para que pudiera llegar a usted, así como ha llegado a todo el Brasil.

Deseo que disfrute de una óptima experiencia para luego poder transmitirla a los demás.

Prefacio

Hablar de Elisandra Amâncio es retroceder en el tiempo hasta llegar a julio de 2008. Fue en esa época, en un retiro de jóvenes organizado por la Iglesia Bautista de Lagoinha, que tuve el placer de conocerla. A partir de ese día, mi admiración por ella y nuestra amistad comenzaron a crecer. Se transformó en una reciprocidad de cariño, respeto y admiración mutuos.

Durante aquel encuentro observé la manera en la que Elis trabajaba como voluntaria. Tomaba fotografías, iba de aquí para allá, subía y bajaba escaleras, siempre con gran disposición. Escribía textos para el portal y hacía transmisiones on-line de los eventos. La Iglesia Bautista de Lagoinha fue una de las precursoras de ese tipo de transmisiones en el ámbito evangélico. ¡Y sin dudas yo no me podía perder esa oportunidad! En realidad fui yo quien la invitó a que trabajara en el portal Lagoinha.com, del cual yo era la periodista responsable en aquel momento. Elisandra pasó por un proceso de selección y, por supuesto, quedó elegida. Tuve la alegría de liderar a una gran profesional, proactiva, talentosa y con mucho futuro, que siempre está atenta y busca alcanzar sus objetivos a través de mucho estudio, trabajo y amor por la profesión que abrazó.

Podría mencionar aquí muchas otras cualidades intrínsecas de esta amiga que nació en San Pablo, Brasil, pero que decidió hacer de la tierra del pan de queso (Minas Gerais) su hogar. ¡Qué bueno!

Me emociona ver la profesional que es Elisandra Amâncio hoy en el mercado –de la Comunicación, con un post-grado en Medios Digitales. Esa es una de las razones por las cuales mi gran amiga ha viajado por el Brasil, y creo que en breve por el mundo, dando charlas acerca de la importancia del uso de estas herramientas en la iglesia.

En este su primer libro, «Social Media en la iglesia», aborda un tema muy importante para la época actual, teniendo en cuenta la relevancia que tienen los medios en la vida de la gente de todo el mundo, ya sea en el ámbito personal como en el corporativo. Utilizando un lenguaje simple, como si estuviese cara a cara con el lector, Elisandra propone una reflexión acerca de dos puntos fundamentales:

1. Como embajadores de Cristo (2 Corintios 5:20), debemos estar más atentos a lo que escribimos o publicamos en Internet. No solo a nivel institucional (como iglesia o ministerio) sino también en nuestros perfiles personales. En definitiva, al árbol se lo conoce por sus frutos (Lucas 6:43-45).
2. Es necesario que comprendamos la magnitud del alcance de estas herramientas a fin de valernos de la eficiencia que ellas poseen para poder alcanzar aún a más personas con el evangelio de la salvación de Cristo Jesús.

Este libro es una preciosa obra que ayudará en gran manera tanto a quienes ya tienen experiencia como a los novatos en el mundo digital. Para saber aprovechar las oportunidades que las redes sociales nos ofrecen es necesario que entendamos cómo funcionan y cómo debemos utilizarlas para nuestro provecho. Y Elisandra nos lo enseña muy bien.

Se trata de una lectura que ciertamente abrirá su mente hacia estas cuestiones.

Elis, tú haces la diferencia en el mercado. Eres un referente como profesional y como ser humano. Te felicito por este libro que, en primer lugar, subiste con generosidad de forma gratuita a Internet. Con Dios de nuestro lado las fuentes de bendición son inagotables. Y Él siempre tendrá más para ti. ¡Vuela alto, siempre más alto!

Ana Paula Costa

Periodista, Asesora de Prensa y Locutora.
Pastora voluntaria en la Iglesia Comunidad Bautista,
barrio Nova Floresta. Belo Horizonte, Minas Gerais, Brasil.

Introducción

«Somos y seremos educadores y estudiantes durante toda la vida» (Gill Giardelli).

«Pues por falta de conocimiento mi pueblo ha sido destruido» (Oseas 4:6, NVI).

Hace casi una década trabajo profesionalmente en el área de Comunicación Digital y Social Media. Desde mi conversión en 2003 utilizo Internet como fuente de investigación y estudio para ampliar mis conocimientos acerca de Dios. Recuerdo que al llegar al trabajo cada día buscaba un devocional en Lagoinha.com, portal de la Iglesia Bautista de Lagoinha, de la cual soy miembro. La estructura de las páginas web en ese entonces era muy diferente de lo que es hoy en día. En aquella época pocas iglesias tenían página en Internet. Algunas solo tenían (y aún siguen teniendo) una página más institucional con una breve presentación acerca de la iglesia, la ubicación, y días y horarios de los cultos.

Los años pasaron, y el haber estudiado Periodismo y Social Media para interiorizarme más en el tema despertó en mí una pregunta: ¿Qué ha hecho la iglesia con todas las posibilidades que ofrece el medio digital en nuestra generación? Reflexionando acerca de la historia de Jesús, pude observar que en diversas ocasiones Él utilizó las herramientas de las que disponía en su época para alcanzar a los hombres con el mensaje del Reino de Dios. Ya sea caminando sobre las aguas, en una barca, a pie o en un burro, llegó a cada lugar y cumplió su misión.

¿Y nosotros? ¿Hemos utilizado todos los recursos con los que contamos hoy en día para hablar acerca del Reino?

Siempre estuve muy involucrada en las cuestiones ministeriales. Presencié y participé de diversos proyectos evangelísticos, impactos y vigilias, entre otras actividades. Mi primera experiencia en la transmisión del mensaje del Reino de Dios por Internet fue en 2008 cuando, con la autorización del liderazgo, creé el Blog de los Jóvenes de Lagoinha. Tomaba fotografías de los cultos y eventos de los jóvenes, y anotaba todo lo que se predicaba. Luego hacía breves resúmenes a fin de que aquellos que no habían podido estar presentes, ya sea porque vivían en otra ciudad, estado o país, o porque no tenían forma de asistir al culto ese día, se informaran de lo hablado. De ese modo le dábamos la chance a todo el que quisiera de poder recibir «algo» de lo que habíamos recibido nosotros.

De acuerdo con una investigación divulgada por *We are Social* en paralelo con el Hootsuite, en enero de 2019, en el mundo hay una población de 7.676 mil millones de personas. De ellas, el 57% tiene acceso a Internet, el 67% usa smartphones y el 45% utiliza las redes sociales. Solo en el período que va de enero de 2018 a enero de 2019 hubo un incremento de 367 millones de personas con acceso a Internet. Y aunque hay iglesias que transmiten sus cultos on-line mediante video, es necesario pensar en otras maneras creativas de llevar el mensaje, ya sea mediante textos, fotografías, video, diseños o cualquier otro tipo de contenido multimedia. Como la calidad de la conexión a Internet no es la misma en todos los países ni todas las personas del mundo pueden ver un culto en vivo por Internet, gracias a YouTube podemos tener acceso a diversas predicaciones. Pero tampoco debemos detenernos allí.

Hablar del uso adecuado de las redes sociales suena como si estuviéramos hablando de reglas: lo que está bien y lo que está mal. Pero no es tan así. Y me pregunto: ¿Nuestras iglesias, ministerios y aún nosotros como cristianos hemos utilizado cada medio digital a conciencia? ¿Nos detuvimos a pensar que Internet va mucho más allá de la utilización que le demos de forma personal o como entretenimiento? ¿Entiende por qué usted, su iglesia o ministerio necesitan tener una página web o blog? ¿Sabía que es muy importante producir contenidos específicos para cada red social? ¿Sabía que cada red social posee características distintas y que publicar un contenido equivocado en el lugar incorrecto no dará resultados? ¿Sabía que el número de seguidores y likes («me gusta») no son sinónimo de tener «éxito» en Internet?

Es exactamente por eso que llevo esta temática a donde voy, y la transmito a través de clases o conferencias. Justamente mi misión es hablar acerca del uso de la Social Media y del medio digital en las iglesias. Es importante tener conocimiento de la Palabra de Dios y también conocimiento técnico para manejarse en el medio digital. Por eso doy clases sobre el tema en diversas instituciones, y también charlas y consejos por Internet. Y, al hacerlo, me encontré con personas que entendieron la importancia de utilizar las herramientas correctas del modo correcto. Hablo de lo importante que es encontrar el punto de equilibrio entre la vida *on* y *off-line* (en Internet y fuera de ella). Reflexionamos acerca de la seguridad personal y del exceso de exposición a Internet, como también de las estrategias de Comunicación para que podamos hablar con eficiencia, ya sea en la iglesia o a través de la Web. Piense en el impacto que han tenido los medios de comunicación, como el diario, la radio, la televisión e Internet en la sociedad en las últimas décadas. Estamos acostumbrados a debatir acerca del lado malo de Internet —que es sumamente importante, como los vicios en el uso de las redes sociales, la pornografía, la seguridad y la exposición en exceso. Pero, más allá de eso, deseo que usted sepa que Internet es buena o mala según el uso que se le dé.

Cuando hablo acerca de la Social Media en la iglesia no solo estoy incentivando a las iglesias y a los ministerios a que se conecten a Internet. Tampoco me refiero a que deben crear perfiles en todas las redes sociales. Pero sí deben reflexionar acerca del alcance de estas herramientas y de su eficiencia para poder alcanzar aún a más personas con el evangelio, además de las que ya han alcanzado hasta ahora. Muchas veces un mensaje publicado en Internet puede llegar a una persona que jamás pisaría una iglesia. ¿Se detuvo a pensar en eso? Yo lo pienso todos los días. Y también, en la responsabilidad que tenemos de contar con algo tan extraordinario y usarlo con tan poco entusiasmo. La idea de subir un E-book (libro digital) de forma gratuita a Internet fue justamente poder compartir conocimientos, posibilitar el contacto, generar una reflexión, y hablar acerca de las experiencias y herramientas que se encuentran disponibles y que muchas veces no utilizamos. La versión impresa vino con un «plus»: detallar un poco más las cuestiones técnicas para quienes desean implementar un área de Comunicación Digital en su iglesia o ministerio, o para quienes ya tienen una y desean perfeccionarla.

Al brasileño le apasionan Internet y las redes sociales. Pasamos cerca de 9:29 hs. al día on-line. Brasil viene después de Filipinas, cuya población está conectada un promedio de 10:02 hs diarias.

Espero que este libro lo anime tanto a usted como a su iglesia local a cumplir el mandato de «Id…», ya sea a través de Internet como fuera de ella, ya sea *on* como *off-line*. «Id por todo el mundo y predicad el evangelio a toda criatura» (Marcos 16:15, RVR1960).

¡Que tenga un lindo tiempo de lectura!

Capítulo 1

La importancia de la Comunicación

«Si usted habla con un hombre en un lenguaje que él comprende lo que diga entrará en su cabeza. Si usted habla con él en su mismo lenguaje el mensaje llegará a su corazón.» (Nelson Mandela).

«Voy a darte a conocer lo que está por suceder. Escríbelo en unas tablas, para que se lea de corrido» (Habacuc 2:2).

Cierta vez un pastor fue a buscarme para contarme un problema que había resultado un bochorno para su iglesia local. Luego de haber realizado una búsqueda en el Google acerca de la iglesia evangélica más cercana a su domicilio, cierta persona se dirigió al culto de la iglesia de ese pastor. Al llegar, encontró la puerta cerrada. Ese día no había culto. El problema era que la página web de la iglesia estaba desactualizada, tanto en cuanto al día como a los horarios de las reuniones. Por lo cual esa persona, sin dudas insatisfecha, dio media vuelta y se fue. Probablemente nunca más volvió.

¿Qué podía hacer esa iglesia? Actualizar su página web, comenzando por los días y horarios de los cultos. Y eso fue lo que hizo.

Parece algo básico y trivial, ¿no es cierto? Sin embargo no lo es. Sucede con mayor frecuencia de lo que creemos. La información primordial que una iglesia debe brindar en el medio digital es los días y horarios actuales de sus reuniones, y dirección y teléfono de contacto. Inclusive informar mediante sus redes sociales cuáles son las reuniones de ese día.

Al observar con atención la forma en la que las iglesias manejan la Comunicación en esta última década percibí que hay cierta indiferencia en informar lo que yo llamo «lo básico».

¿Su iglesia tiene personas que se encargan de la Comunicación? ¿Cuentan con un plan de Comunicación o realizan acciones puntuales para apagar incendios? Veo que muchos líderes y pastores buscan tener gran presencia en las redes sociales, ostentando su número de seguidores o buscando desesperadamente que les pongan muchos *likes* (es la forma en que las personas demuestran si les gustó o no una publicación en el Facebook), sin tener idea lo que eso significa. Pero, ¿cuál es la razón por la que quieren tener muchos seguidores on-line si la iglesia no tiene una buena estructura de comunicación local?

Le doy un ejemplo práctico. Existen tiendas que tienen mucha publicidad en televisión diariamente y muy buena presencia en el medio digital. Para quienes los siguen en el Facebook o en el Twitter son las mejores… muy exitosas. Las publicidades son divertidas, informativas y ofrecen óptimos descuentos a quienes compren sus productos on-line. Pero cuando uno se dirige a una tienda real de este gran producto todo es diferente. Los vendedores, en su mayoría, están de mal humor, están mal informados y no tienen la misma «buena voluntad» para hablar con la gente que quienes lo hacen en el medio digital. ¿Cómo puede ser que en el medio digital la atención sea tan buena y cara a cara tan mala? Una incoherencia total.

Trasladando este ejemplo al contexto eclesiástico, imagine una iglesia o ministerio que muestra un lindo trabajo en la web pero cuando las personas se acercan a recibir ayuda se encuentran con gente poco preparada y desinformada. Es muy importante que veamos la Comunicación de manera global. Involucra todo. Desde los carteles de señalización que se encuentran dentro del edificio —en los baños, en las salas, etc— hasta los medios que la iglesia utiliza como soporte para proyectos más complejos, como un impacto evangelístico o un viaje misionero. ¿Y si hay que imprimir folletos? Tal vez sea necesario crear un diseño. ¿Los haremos personalizados? Son muchas las cuestiones que involucra la Comunicación dentro de un ministerio, y debemos estar atentos a ellas.

Sin dudas, lo más importante es el entrenamiento. En las iglesias hay muchas personas que estarían dispuestas a escribir para un sitio web, para un blog, para las redes sociales, a tomar fotografías o a hacer videos; sin embargo no tienen la preparación técnica adecuada para desempeñarse en la tarea de difundir los temas espirituales. Por lo tanto, debemos darles a conocer al menos lo básico para que resulte un buen trabajo.

El último año, luego del lanzamiento de mi e-book gratuito sobre Internet y Social Media, mi pensamiento evolucionó hacia la siguiente idea: Debemos entrenar mensualmente a nuestro equipo en algún tema. Por ejemplo, que este mes alguien les hable acerca de conocimientos básicos de la Lengua Portuguesa y las reglas gramaticales. Al siguiente mes, que otra persona los instruya acerca de Internet y Social Media. Al siguiente, sobre grabación de audios. Al otro, sobre transmisiones en vivo. Y así sucesivamente. Debemos estar entrenados tanto espiritual como técnicamente.

Pero, en definitiva, ¿qué es la Comunicación?

Días atrás leí algo interesante. Informar es transmitir un mensaje sin que exista diálogo. Sería una calle de una sola mano. Comunicar es diferente; es cuando el mensaje genera intercambio de ideas, cuando existe interacción entre las partes. Y, convengamos, comunicar está totalmente ligado a la era digital en la cual estamos insertos. Se trata de un diálogo que promueve el crecimiento de las partes involucradas.

La palabra «Comunicación» viene del latín *communicare*, que significa «compartir algo», «poner algo en común».

Dentro del proceso de Comunicación existen los siguientes elementos:

- **Código:** Conjunto de signos (que pueden ser palabras, símbolos, etc) usados en la emisión y recepción del mensaje.
- **Canal:** El medio por el cual circula el mensaje.
- **Emisor:** El que envía el mensaje.
- **Receptor:** El que recibe el mensaje.
- **Ruido:** Algo dentro del proceso de Comunicación que puede afectar la eficiencia de la comprensión del mensaje.

Pensando de esta forma comprendemos que la Comunicación abarca todo lo que ocurre en la vida del ser humano. Desde los primeros gestos y sonidos emitidos por el bebé hasta cuando escribe una publicación en Internet.

La presencia de la iglesia y ministerios en el medio digital cada día tiene más notoriedad como estrategia de Comunicación. Sin embargo, ¿nuestra presencia digital agrega un valor positivo a la vida de las personas, o es más de lo mismo? La presencia digital debe estar alineada con el posicionamiento y la postura de la iglesia, en total coherencia. Es necesario tener una presencia on-line adecuada para luego poder actuar en ese ámbito con eficiencia y marcar la diferencia (GABRIEL, 2010).

Una de las intenciones de este libro es destacar que la eficiencia de un trabajo digital solo resulta posible si existe un buen trabajo de Comunicación. O sea, es necesario desarrollar un adecuado Plan de Comunicación que involucre: investigación, planificación, producción/ejecución, monitoreo (acompañamiento), análisis de los resultados... Y el ciclo se inicia nuevamente.

Más adelante hay un capítulo en el que hablo exclusivamente acerca del Plan de Comunicación.

Capítulo 2

¿Por qué mi iglesia debe tener presencia en el medio digital?

«Internet puede ser buena o mala según el uso que se le dé» (Elis Amâncio).

«Tú anuncia el mensaje de Dios en todo momento. Anúncialo, aunque ese momento no parezca ser el mejor. Muéstrale a la gente sus errores, corrígela y anímala; instrúyela con mucha paciencia.» (2 Timoteo 4:2).

Cuando pienso en Jesús identifico a uno de los mayores comunicadores —sino el mayor— que se hayan conocido. Con claridad y eficiencia transmitió el mensaje a la gente de su generación. El impacto de sus palabras era tal que inspiró a los 12 apóstoles (o 13 contando a Matías, Hechos 1:26) y a la Iglesia

Primitiva a ser multiplicadores de su mensaje, el cual llegó a nuestros días y alcanzó a todo el planeta.

En los últimos años la pregunta que más escucho en mis clases, en los lugares a los que voy a hablar, y en mis redes sociales es: «¿Es necesario que mi iglesia tenga presencia en el medio digital?» La cuestión es que, independientemente de si su iglesia o ministerio se maneja o no en el medio digital, la gente igual habla del tema.

La respuesta no es tan simple. Sin embargo se puede explicar fácilmente al leer Marcos 16:15: «Jesús les dijo: "Vayan por todos los países del mundo y anuncien las buenas noticias a todo el mundo"». Trasladando el «vayan por todos los países del mundo» a nuestros días, hoy existe una mayor posibilidad de que se cumpla considerando el alcance que tiene Internet. Las diferentes formas que utilizamos para comunicarnos —mediante un texto, un audio, un video, fotografías y toda clase de contenido multimedia— pueden ser reproducidas y vistas por muchas personas. De este modo podemos llevar el mensaje del evangelio no solo a las personas con las cuales nos cruzamos a diario sino a miles que están on-line en todo el mundo. Y de esta forma permitirles que reciban el mensaje del Reino.

Un punto importante para quienes están comenzando, o para quienes ya se manejan en el medio digital, es que entiendan que Internet es moralmente neutra. O sea, puede ser buena o mala según el uso que le demos. Es necesario que seamos sabios, tengamos discernimiento y usemos estrategias para comunicarnos virtualmente. Saber huir de algunas de sus trampas es también esencial, como la pornografía, las discusiones vanas y la propagación de informaciones falsas sin el menor cuidado de chequear la veracidad de la publicación. Además, he visto personas que se denominan cristianas que entran en discusiones vanas acerca de doctrina, religión, fútbol o política, entre otros temas.

Siempre me hago esta pregunta: «¿Jesús publicaría esto en mi lugar?» Y puedo dar testimonio de que muchas veces dejé de publicar ciertas cosas por haber comprendido que Jesucristo no actuaría de esa forma.

El objetivo de este libro no es que se convierta en un manual acerca de lo que está bien y lo que está mal, ni dar una receta del estilo: «¿Cómo tener éxito en el medio digital?» La idea es generar en las iglesias y ministerios un uso consciente del medio digital, dándoles algunos consejos, reflexiones y sugerencias acerca de la utilización de estas herramientas. Nuestro testimonio como cuerpo de Cristo *on* y *off-line* debe y puede mejorar. Debemos pensar que el mensaje del Reino de Dios puede traspasar los límites de localización y geografía, y alcanzar a todo el mundo.

Imagine la siguiente escena: Una persona pasa frente a una iglesia evangélica con su familia. Al llegar a su casa siente el deseo de buscarla en el Google para tener más información sobre dicha institución, como qué tipo de fe comulga, los horarios de las reuniones, etc. Pero, al buscar esa información descubre que solo tiene página en el Facebook. Al entrar a ella se da cuenta de que en la foto de perfil de la iglesia se ve al pastor al lado de su esposa e hijas en la playa (¡y además están en traje de baño!). ¡Yo misma encontré una página de Internet así! Y como esa, muchas otras iglesias, ministerios, pastores, líderes, ministros y gente como uno, como usted y como yo, se equivocan mucho en la utilización del medio digital —me refiero a equivocaciones feas, groseras—. Hace unos días leí el libro «Jesus Copy» del pastor Douglas Gonçalves. Allí menciona una frase del teólogo John Piper que dice: «Una de las mayores utilidades de ciertas redes sociales es poder comprobar que la falta de oración no era por escasez de tiempo.» Y es cierto.

En algunos de los diversos eventos de Marketing Digital de los que participo todos los años escucho repetidamente que ciertos sitios con contenido pornográfico llevan la delantera en cuanto al acceso digital. Y me pregunto: ¿Qué ha hecho la iglesia al respecto? ¿No será que no somos buenos productores de contenido, que no publicamos mensajes de edificación que alegren el alma? Tal vez hacemos solo algunos «murmullos» on-line.

No se engañe. Estamos afirmando que más de la mitad de la población mundial tiene acceso a Internet. Lo cual no es poco. Y como iglesia del Señor hemos hecho poco por alcanzar a la gente a través del medio digital. Estamos hablando de almas, no de números. Tenemos la responsabilidad de predicar a todos. A tiempo y fuera de tiempo.

Según una investigación publicada en enero de 2019 por *We Are Social/Hootsuite* vale recordar que el 67% (5.100 millones) de la población mundial utiliza teléfono celular. Y también que cerca del 57% (o sea 4.300 millones de personas) utiliza Internet. Solo en las redes sociales hay 3.400 millones de usuarios activos.

Los 10 países que pasan más tiempo on-line, según esta investigación, son:

Filipinas: 10:02 hs.
Brasil: 9:29 hs.
Tailandia: 9:11 hs.
Colombia: 9 hs.
Indonesia: 8:36 hs.
Sudáfrica: 8:25 hs.
Argentina: 8:19 hs.
Malasia: 8:05 hs.
México 8:01 hs.
Emiratos Árabes: 7:54 hs.

El español es el cuarto idioma más hablado en la Internet mundial, quedando solo un poco más atrás del inglés, del ruso y del alemán.

Comportamiento on-line:
El 92% mira videos on-line.
El 58% mira herramientas de streaming TV.

El 30% juega juegos on-line.
El 23% mira a otros que juegan on-line.
El 16% mira deportes.

Edad de las personas que usan Internet en el mundo:

La investigación completa hecha por *We Are Social* y *Hootsuite* está completa y disponible en el link: http://bit.ly/internetmundo —inclusive es posible acceder a los datos de cada país.

Uno de los grandes motivos de la intensa presencia digital es que la gente puede acceder a Internet a través de los smpartphones y las tablets. Otra herramienta eficiente para la búsqueda de datos de cada país en Internet es el Facebook Insights. A través de él es posible obtener datos acerca de la población de cada país que utiliza dicha herramienta, franja etaria e idioma, entre otros.

Cuando vamos a un restaurant, a algún festejo familiar o aún a la iglesia vemos que muchos niños están con sus «niñeras virtuales» (smartphones o tablets) reproduciendo videos de YouTube o jugando a ciertos juegos que los entretienen. Eso significa que estos gráficos de acceso según la edad pueden variar aún más.

Como iglesia se nos presenta un desafío: ¿Qué hemos publicado en el medio digital para ellos? ¿Hemos desarrollado proyectos cristianos on-line de edificación que sean atractivos para niños, adolescentes, adultos y ancianos?

¿Qué hicimos como iglesia en relación con esas cifras? ¿Nos preocupamos por la forma y el contenido que hemos publicado en el medio digital? ¿Son de edificación los mensajes que compartimos en las redes sociales? ¿Preparamos estrategias en el medio digital para alcanzar a las personas de un modo eficaz?

Temo decir que, en su mayoría, las iglesias, liderazgos y miembros no piensan mucho en eso. Simplemente publican «cualquier cosa». Veo instituciones más preocupadas en denigrar el uso de la herramienta digital que en orientar a la gente al buen uso de ella.

Me gusta mucho este montaje de arriba. Muestra la Plaza San Pedro (en el Vaticano, Italia) en dos momentos históricos recientes. En la foto de 2005 se ve la imagen de la multitud luego del fallecimiento del Papa Juan Pablo II. Podemos observar que no hay cámaras fotográficas, celulares ni tablets. En la segunda foto, en 2013, se ve el momento en el que Francisco es electo como Papa. El mismo escenario, con ocho años de diferencia, refleja el impacto del acceso a la tecnología en la vida de las personas. Migramos a la era de las pantallas. La era en la que utilizamos los dispositivos móviles para tomar fotografías y hacer videos. Vuelvo a decir: Y no es poco.

Hoy vivimos nuevos paradigmas que tienen que ver con la tecnología, hablamos de etiquetas digitales, de netiqueta, de que esto está mal o bien... Pero creo que el debate debe ir más allá de discutir acerca de la utilización o no de equipos electrónicos, de si es adecuado o no leer la Biblia desde el celular en la iglesia, o de si usar las redes sociales es de Dios o no. Una vez más vuelvo al punto que mencioné anteriormente: Internet es neutra. Será buena o mala de acuerdo con el uso que le demos. Pero convengamos que la hemos usado mal y poco para el Reino de Dios.

En mis clases siempre pregunto a mis alumnos cuál fue la última vez que vieron una puesta de sol sin tomar una fotografía, solo contemplando el momento, maravillándose de aquel espectáculo. Y solo escucho risitas y un «ehhhhh...». La verdad es que, debido al fácil acceso a la tecnología y a la utilización de las redes sociales, somos tentados a tomar fotografías, filmar videos y luego a subir todo, e incluso a dar nuestra opinión de todo. Pero contemplamos muy poco aquello que Dios creó para nuestra edificación.

¿Usted vive el momento o lo fotografía?

Foto: Boston Globe/Getty Images.

Esta fotografía es de un evento que se realizó en los Estados Unidos en 2015. No recuerdo exactamente la ocasión, pero sé que era un show de algún grupo musical muy conocido. Lo que más me tocó fue la imagen de esa señora (señalada con el círculo rojo). Era la única que contemplaba el momento sin preocuparse por registrarlo. Hace 10 o 20 años todos éramos así. Seres contemplativos. Teníamos tiempo y paciencia para contemplar. Hoy muchas veces queremos ir a tal culto o congreso para tomar fotografías y «subirlas a la vidriera virtual», mostrando a los demás que estuvimos allí.

Internet y la tecnología pueden servirnos como entretenimiento o como herramientas de trabajo. Escribí este libro para animar a la iglesia a que las utilicen para la misión. Los números (almas) están allí, y cada vez en mayor cantidad, y necesitan con urgencia el mensaje de Jesús.

Mi objetivo es que, al terminar de leer este capítulo, usted comprenda que no se puede utilizar la Social Media sin tener en cuenta el motivo por el cual lo hace. Debemos hacer un uso consciente de ella y ser estratégicos a fin de llegar cada vez a más personas con el mensaje del Reino de Dios, tanto en Internet como fuera de ella.

Capítulo 3

Plan de Comunicación / Estructura e *Insigths*

«La pregunta no es si debemos utilizar o no las redes sociales. La pregunta es de qué modo utilizarlas.» (Erik Qualman).

«Así que somos embajadores de Cristo, como si Dios los exhortara a ustedes por medio de nosotros: "En nombre de Cristo les rogamos que se reconcilien con Dios"» (2 Corintios 5:20, NVI).

Uno de los desafíos de la iglesia es el mismo que el de las pequeñas y medianas empresas: capacitar a su propia gente debido a que no tienen la posibilidad de contratar a un profesional del área para que desarrolle un proyecto. ¿Qué puede hacer la iglesia ante la necesidad de implementar procesos de Comunicación? Invertir en conocimiento técnico. Incentivar a sus equipos a servir con excelencia, seriedad y compromiso.

Ser cristianos y hablar del reino de Dios con libertad es un privilegio que muchos de nuestros hermanos de la Iglesia Perseguida no poseen.

Con buena voluntad y ánimo es posible progresar en esta área, ya sea buscando el apoyo de profesionales, voluntarios, líderes o interesados en el tema. Existen diversos e-books (libros digitales) gratuitos y charlas en YouTube acerca de Comunicación y Marketing Digital. Vale la pena pasar un tiempo en el Google y en YouTube buscando contenido que genere calificación técnica tanto para nosotros como para nuestra iglesia. Siempre que encuentro contenido relevante lo comparto en mi Instagram (@elis_amancio), en mi página web: www.elisamancio.com.br/blog , en nuestra comunidad de Facebook (facebook.com/groups/midiassociaisnaigreja) o a través de la lista de difusión del WhatsApp. Si quiere formar parte de esa lista solo envíeme un «Sí» por whatsapp al: (+55 31) 9502-1305.

Sugiero que antes de invertir en cursos que tengan costos altos se tome el tiempo de averiguar y conocer más sobre la temática en la que se desea profundizar. Agote las posibilidades gratuitas e invierta solo en cursos de profesionales que tengan reconocimiento en el mercado. En este libro escribí un capítulo que habla solo acerca de herramientas y sugerencias de cursos on-line gratuitos o pagos que pueden ayudarlo en este proceso.

¿Cómo estructurar un Plan de Comunicación y Marketing Digital?

Es necesario que investigue mucho, que estudie, que tenga reuniones y que haya una organización. Reúna al liderazgo de su iglesia o ministerio, y hábleles acerca de qué tipo de imagen desean construir, qué mensaje quieren transmitir y a qué público esperan alcanzar. Hagan un diagnóstico acerca de la marca o sello. Que entiendan en dónde están y hacia dónde quieren llegar.

Al leer acerca de cómo crear un Plan de Comunicación, encontré algunos puntos interesantes que lo pueden ayudar:

El Plan de Comunicación nace a partir de la visión de la iglesia. ¿Vio que las empresas tienen una misión, visión y valores que publican en la página de inicio de su sitio? Eso guía los proyectos que luego desarrollarán. Y debe guiar también los de las iglesias. Lea e investigue acerca del *Golden Circle*. Siéntese con su equipo y escríbalo en su computadora.

Especifique cuál será su público-target, o sea a qué personas se desea alcanzar: visitantes, vecinos, miembros, funcionarios, voluntarios, proveedores, líderes u otros. Cada acción tiene un público-target, y es necesario que se comunique de tal manera que cada uno de ellos comprenda el mensaje. No puede utilizar el mismo lenguaje para todos.

Tenga en claro cuáles son los objetivos que pretende alcanzar. Recuerde que el Plan de Comunicación es un documento que servirá como guía para todo su equipo. No solo para el de Comunicación, sino también para el liderazgo, los pastores, obreros y voluntarios.

Observe aquello que otras iglesias que a usted lo inspiran están desarrollando. Eso no significa que lo copiará, ni mucho menos que lo hará igual. Lo importante es que comprenda que tener referencias le posibilitará crear un modo personalizado según la visión de su propia iglesia. En el ambiente corporativo llamamos a esta estrategia *Benchmarking*.

Defina las acciones que desarrollará, y al momento de volcarlas en «papel» escriba quiénes las llevarán a cabo y cuáles son los plazos para su implementación. Coloque las acciones globales y las específicas. Mi sugerencia es que lo organice por áreas, por ejemplo: Ministerio de Jóvenes, Ministerio de Mujeres, Secretaría, Liderazgo y otros. No se olvide de puntualizar los resultados esperados. Para ello es necesario establecer cuáles son los índices esperados que lo comprobarán. En el medio corporativo lo llamamos KPIs (Key Performance Indicator).

Cree la línea editorial, o sea, tenga en claro qué temas pretende abordar la institución en sus plataformas digitales. Por ejemplo: agenda anual de eventos, versículos bíblicos, videos testimoniales (y determinar si serán a través de texto, fotografías, diseños), promoción de la agenda de cultos, fechas conmemorativas. Este punto es muy importante, pues algunas iglesias y ministerios pierden el objetivo cuando resuelven abordar en sus plataformas temas que no están acordes a la línea editorial. Corren el riesgo de exponer a la iglesia/sello a situaciones críticas, como que se hable de política, deportes, entretenimiento y humor, entre otros. Independientemente de lo que la iglesia opte como temas de sus publicaciones, es necesario que tengan en claro que no debe ofender ni ser agresivo con el público.

Coloque el presupuesto disponible para cada área.

Realice un cronograma a fin de que las acciones no se pierdan en el tiempo.

Busque las herramientas que sean útiles para desarrollar las actividades.

Sería muy bueno si su institución pudiera contar con profesionales del área, como periodistas, publicistas, relacionistas públicos, profesionales de marketing, diseñadores, fotógrafos, entre otros. ¡La Comunicación es cada vez más multidisciplinaria! Aproveche para llevar a cabo e implementar este plan de Comunicación cuanto antes.

Existen bastantes herramientas de productividad disponibles en Internet. Varias de ellas son gratuitas, y pueden ayudar al trabajo desarrollado por cada miembro del equipo. A algunas las menciono en el capítulo que habla acerca de las herramientas.

Si pudiera definir un paso a paso en cuanto a la forma de llevar a cabo la planificación anual de comunicación de su iglesia y ministerio, sería el siguiente.

Mucha gente me pregunta cómo armar un Plan de Comunicación para su iglesia, pero la idea aquí es mencionar algunas preguntas que deben ser respondidas a fin de que usted tenga un documento que guíe las acciones del área de Comunicación/Multimedia de su iglesia.

- Alinee la visión de la Comunicación con la del pastor y el liderazgo. No sirve de nada desarrollar acciones aleatorias si no se está correctamente alineado con el liderazgo. Es importante entender cómo ellos piensan, lo que esperan para el próximo año y cuáles serán los principales eventos a fin de poder armar una agenda coherente.

- ¿Por qué utilizan la Comunicación? Muchas personas no saben responder esa pregunta. Pero es esencial saber cuál es el objetivo por el que utilizan Internet como iglesia. ¿Evangelizar? ¿Promocionar cultos y eventos? ¿Dar una palabra de aliento al que está desesperanzado? ¿Hacer campañas contra el suicidio, el aborto, el cáncer de mama, el cáncer de próstata y temas por el estilo? Es preciso que sean muy claros en cuanto al por qué están utilizando la comunicación. Ello servirá como brújula para todas las demás áreas de la iglesia. Una sugerencia: Estudie acerca del **Golden Circle**, que es una metodología usada por las grandes marcas, como Amazon y Apple, y que ayudó a descubrir el propósito de esas empresas. Cuando lea «empresa» entiéndase «iglesia o ministerio». Adapte el lenguaje. Las iglesias no son empresas, pero muchos de los principios que ellas tienen pueden adaptarse a fin de posibilitar que el mensaje del evangelio sea más conocido y que se transmita de un modo más eficiente.
- ¿Cuáles son los objetivos de la comunicación para el 2019? He conversado con algunos líderes que utilizan Internet, y me dijeron que «como todos están en Internet, ellos también». Pero la comunicación es más que eso. Se trata de entender con claridad qué es lo que usted está buscando cuando utiliza ciertos canales de comunicación, como boletines, videos de anuncios de los cultos, mensajes de WhatsApp, publicaciones en el Instagram, Facebook o Twitter, videos en YouTube, o devocionales en los blogs/sitios. El objetivo es comprender la importancia que tiene la Comunicación hoy, y cómo puede ayudar a la iglesia a hablar de esperanza, paz y

amor a aquellos que jamás pisarían sus templos ni escucharían sus canciones.

- ¿Qué necesidades desea atender su iglesia a través del medio digital? ¿Escuchó hablar acerca de que el Marketing Digital hoy se utiliza para atender el «dolor del cliente»? Precisamente de eso estoy hablando. ¿Qué es lo que su iglesia tiene para ofrecer a las personas? ¿Ellas buscan lo que usted publica o simplemente usted sube algo al medio digital creyendo que es lo que ellas necesitan escuchar? Es diferente hablarle directamente a alguien acerca de su problema para brindarle una solución que publicar cualquier cosa para sentir que cumplimos con la regla de que hay que estar al día en las redes sociales. Es precisamente por eso que vemos tantas Historias en el Instagram que no tienen ninguna relevancia. Quienes las publican no piensan en el público sino solo en ellos mismos.
- Cree la línea editorial: ¿Sobre qué se va a hablar? Un punto clave de la Comunicación es tener en la planificación el mapeado sobre los temas y contenidos de los que se hablará a lo largo del año. Doy algunos ejemplos:
  - Biblia (devocionales, compartir sermones).
  - Mensajes de los cultos (textos subidos al sitio, fotografías con una leyenda bien descriptiva, un álbum en el Facebook, transmisiones en vivo).
  - Fotografías de momentos importantes para la historia de la iglesia o ministerio.
  - Videos devocionales.
  - Despejar las dudas de los miembros sobre determinados temas.

  Y temas del estilo.

  ¿A la iglesia le corresponde establecer pautas, compartir chistes/memes, o hablar acerca de política o deportes?

Depende de lo que fue acordado en la Planificación anual, y si está de acuerdo o no con lo que piensa el liderazgo actual. No todo el mundo tiene ese perfil. Preste atención a eso.

- ¿A quiénes desea hablar? Ahhh, ¡a la gente! Sí. ¿Sabía que los medios digitales existen para comunicar? Y sí. Pero sucede que muchas veces las iglesias o ministerios se olvidan de eso y publican contenidos sin límite, varias veces al día, ¡sin preocuparse siquiera por transmitir una comunicación clara, coherente y concisa! Debe tener en claro con quién está hablando y a quiénes desea hablar. Para eso, analice los gráficos del Analítico de su Facebook, Instagram, Twitter, Pinterest y YouTube. Estos le mostrarán las franjas etarias que más lo siguen, de qué ciudades o países son, y los idiomas que hablan. Eso es esencial para saber si usted está hablándole a la audiencia correcta. Más aún, para saber si está utilizando las estrategias de comunicación adecuadas para alcanzar a dicho público.
- ¿Qué redes sociales utiliza? ¿En cuáles está su público? Como mencioné en el ítem anterior, saber qué redes utiliza el público al que usted quiere llegar es mejor para saber en qué plataformas gastará su energía: en las que ellos utilizan.
- Cree metas. Cada tres meses haga un reporte acerca de los avances, desaciertos y posibles mejorías. La planificación es un documento que lo auxiliará para no perder el foco. Y muchas veces se dará cuenta de que es importante hacer reajustes.
- Deje de lado los diseños creados con el celular e invierta en cursos, entrenamiento y herramientas esenciales, como Lightroom, Premiere, Trello (gratis) y Mlabs. Y, obviamente, se espera que las iglesias no utilicen softwares piratas.
- Cree un calendario editorial con las fechas de las actividades más importantes que tendrá la iglesia (y el país) en todo el año.

El calendario anual direccionará el esfuerzo de la comunicación a lo largo del año, pudiéndose prever los eventos que vendrán y las acciones que deberán desarrollarse para que cada uno de ellos se realice con la mayor tranquilidad. También ayudará a que los equipos que trabajarán en la cobertura on-line de los cultos/congresos tengan un tiempo de entrenamiento. Y también permitirá que se preparen homenajes a los líderes y personas que han sido importantes en la historia de la iglesia local.

- Si no tiene, cree una rutina de producción de contenidos, mediante textos, fotografías, diseños y videos. Es importante que todas las semanas dedique tiempo a producir y editar contenidos para subir a las redes sociales. Y algo que se hace poco es realizar la tarea de celador: leer artículos, ver videos o escuchar predicaciones a fin de compartir materiales producidos por terceros. ¿Cuál es el problema de que un cristiano comparta buenos contenidos producidos por otros?
- Realice una transmisión on-line de los cultos. Hoy hasta resulta posible hacerlo desde un teléfono celular. Pero, más importante que tener un buen teléfono es que haya una buena conexión a Internet que posibilite que la transmisión del culto o evento posea una buena calidad de imagen y sonido.
- Cree una playlist en el Deezer o en Spotify con las canciones que se cantan en los cultos. A veces algunas personas cuando van a un culto y escuchan algunas de las canciones no saben el título, se olvidan de alguna frase o simplemente tienen el deseo de escucharla otra vez. Creo que las iglesias deberían crear sus propios Playlist en el Deezer y en Spotify con los temas musicales que se cantaron ese mes. Y guardarlos, por ejemplo, con un título así: Alabanza de la iglesia Marzo/2019.
- Grabe los audios de los mensajes, y transfórmelos en podcasts para subir a las plataformas de streaming de audio.

Generalmente los mensajes son largos como para colocarlos en streaming, pero se los puede fragmentar en partes y así publicarlos en las distintas plataformas. Por el momento aún no es posible que una persona o iglesia entre en contacto de forma individual con Deezer o con Spotify para poder publicar sus propios contenidos. Existen empresas que ofrecen esos servicios, una especie de HUB. Estos reciben sus contenidos y los distribuyen en plataformas de streaming por todo el mundo. Otro punto es que precisamos tener Podcasts cristianos. Es maravilloso poder escuchar materiales de calidad acerca de temas relevantes.

- Cree el organigrama de la Comunicación y divida las responsabilidades. El organigrama existe para que entendamos la estructura de la iglesia y sepamos quién es líder de quién. Generalmente el pastor de la iglesia tiene el liderazgo principal, y hay otro pastor como líder del área de Comunicación y Multimedia. Luego hay personas calificadas técnicamente y alineadas con la visión del Reino de Dios que lideran a los demás equipos y a los voluntarios. En algunas iglesias existen áreas bien definidas como: fotografía, video (multimedia), redes sociales, proyección, iluminación, periodismo, sitios, diseño y otras.
- Cree una escala de voluntarios (y entrene a los equipos). Una herramienta que puede ayudar a armar la escala de voluntarios y acciones semanales de la Comunicación es el Trello (que también es una aplicación gratuita). Cada uno tiene una forma de trabajar. Puede ser con un pizarrón en la sala, divisiones, la metodología Canvas (con post its), etc. Lo importante es encontrar un modo de organización que facilite la comunicación en la iglesia. Hace un tiempo creé un modelo para ayudar en la comunicación de las iglesias. Lo pueden bajar de aquí: http://bit.ly/quadroelis

- Provea para el liderazgo equipamientos básicos de trabajo (podría ser mediante una campaña de donación).
- Discipule a su equipo. Más importante que el talento es la persona. Quisiera comentarles algo que me asusta mucho. He visto mucha gente itinerante que solo frecuenta las iglesias sin tener ningún vínculo directo, con el solo fin de trabajar en el área de Comunicación y Multimedia. Por eso el discipulado es esencial. El pastor Ryam Adams de la Urev me enseñó que más importante que las habilidades que posea una persona es que tenga un carácter transformado. Y solo caminando al lado de ella, discipulándola y entrenándola es posible saberlo.
- **Jamás** olvide que el propósito de la Comunicación de la iglesia es comunicar acerca del Reino.

En Facebook tenemos un grupo de más de 2200 personas, llamado «Social Media en la iglesia». Si quiere formar parte solo búsquelo (está en portugués) y pida ingresar en él. Allí hablamos acerca de la comunicación en las iglesias de un modo global.

Capítulo 4

Marketing Digital

«La mente que se abre a una nueva idea jamás volverá a su tamaño original» (Albert Einstein).

«Mientras esperan al Señor, muéstrense alegres; cuando sufran por el Señor, muéstrense pacientes; cuando oren al Señor, muéstrense constantes» (Romanos 12:2).

El marketing ha atravesado variaciones significativas en los últimos años, adecuándose a las necesidades del público y del mercado. Si el público cambia, el marketing también (GABRIEL, 2010). Lo vemos cada vez más cercano a la gente, ofreciendo soluciones a sus problemas, y no simplemente vendiendo y generando lucro. Una de las definiciones tradicionales más conocidas del marketing fue dada por el renombrado autor Philip Kotler (2005): «El marketing es la ciencia y el arte de explorar, de crear y de proporcionar valor a fin de satisfacer las necesidades de un mercado-meta rentable. El marketing identifica las necesidades y los deseos insatisfechos. Define, mide y cuantifica el tamaño del mercado identificado y su potencial de lucro. Identifica con precisión a qué segmentos de la población la empresa tiene capacidad de servir mejor, además de proyectar y promover los productos y servicios adecuados.»

El autor del libro *«A Bíblia do Marketing Digital»* [La Biblia del Marketing Ditigal], Claudio Torres, define al Marketing Digital como el conjunto de estrategias de marketing realizadas para alcanzar los objetivos de una persona, marca u organización, aplicadas a Internet y demás medios digitales.

Hemos visto que el Marketing evolucionó al mismo ritmo que la tecnología en las últimas décadas. El foco se trasladó de las ventas y productos hacia las personas. Se trata del llamado Marketing 3.0. En el libro «Marketing en la era Digital», de Martha Gabriel, se abordan conceptos y temas tradicionales del marketing pero también su actualización al medio digital. «Cada público requiere una estrategia específica, un plan de marketing específico, pues normalmente los objetivos para cada tipo de público son diferentes, como lo son sus necesidades y los productos que estos requieren.» (Martha Gabriel, 2010).

¿Cuál es la importancia del marketing para la iglesia? Si analizamos las estrategias de marketing podemos buscar, estudiar, investigar y comprender con mayor profundidad cuáles son las necesidades de la gente. Y si trasladamos esto a nuestros equipos de Comunicación y liderazgo produciremos contenidos más asertivos: predicaciones, videos, textos, devocionales y diseños orientados a las reales necesidades de la gente. Y así podremos dar respuestas a temas que ellos están buscando en Internet. Como iglesia podemos brindar soluciones. ¿Su país está atravesando una crisis? Suba a Internet historias bíblicas que hablen acerca de las crisis y su superación. Escriba un devocional que hable del tema, realice un video, cree un diseño. Motive a las personas.

JERARQUÍA DE LAS NECESIDADES DE MASLOW*
*Y LAS REDES SOCIALES QUE LAS COMPLETAN
REALIZACIÓN PERSONAL
Moralidad
Creatividad
Espontaneidad
Resolución de problemas
No tener prejuicios
Aceptación de los hechos
ESTIMA
Autoestima
Confianza
Realización
Respeto hacia uno mismo y hacia el otro
PERTENENCIA
Amistad
Familia
Intimidad sexual
SEGURIDAD
Física
De empleo
De recursos
Familiar, de salud, de propiedad privada
FISIOLOGÍA
Respirar
Alimento
Agua
Sexo
Descanso
Homeostasis
1
2
3
4
5
Vine
Pinterest
Pheed
Snapchat
Periscope
WhatsApp
Robots
Drones
YouTube
Issuu
Instagram
Amazon
iOS
Android
Medium
Twitter
Line
Facebook
Google+
Netflix
Happn
Tinder
Redes Sociales corporativas
Swarm
Linkedin
WiFi
Toma
Créditos: Infográfico Maslow's Hierarchy of Needs
da empresa SMTT, Social Media TIC's and Training, SL
5ERA .com
gaia creative .com.br
Semantix .com.br
gilgiardelli .com.br

En este gráfico vemos la representación de la Pirámide de Maslow, que habla acerca de la jerarquía de las necesidades básicas del ser humano, publicado y traducido por el especialista Gil Giardelli, y adaptado al tema de la Social Media para saber en qué categorías encajan.

Es una buena reflexión acerca de la manera en la que el medio digital se relaciona directamente con nuestro uso diario de las redes sociales. El objetivo de la iglesia no es vender productos y servicios, pero sí transmitir el mensaje del Reino de Dios con mayor eficiencia. Y convengamos que cuando nuestro discurso está alineado con las necesidades de la gente aumentamos la chance de que llegue a más cantidad de personas. Por ejemplo, cuando una iglesia ofrece ayuda a mujeres con embarazos no deseados y se prepara para recibir a esas jóvenes está trabajando en la eficiencia del mensaje del Reino en conformidad con sus necesidades. De ese modo será posible hacer con ellas un trabajo integral de prevención y recuperación: establecer una línea de trabajo orientada hacia temas relacionados con el embarazo y las enfermedades de transmisión sexual, como también trabajar en la recuperación inmediata de las que están en situación de riesgo o transitan un embarazo no deseado. Muchas veces la sociedad solo les recrimina, entonces la iglesia debe ser el soporte que las oriente de forma especializada (a través de médicos, psicólogos, etc), dándoles ayuda pre-natal, en el armado del ajuar del bebé, a reubicarse profesionalmente, o ayuda espiritual. Y así, casi sin darse cuenta, la iglesia habrá utilizado estrategias de Marketing para alcanzar a las personas con el mensaje del amor de Dios. El resultado: vidas alcanzadas y transformadas.

La Comunicación en la iglesia tiene el objetivo de pensar acciones y estrategias conjuntas con el liderazgo y ministerios. La estructura del Ministerio de Comunicación y Marketing puede traer resultados excelentes a la iglesia como un todo. Ya sea promocionando sus acciones a fin de inspirar a otros y así contar con nuevos integrantes que colaboren en los proyectos; en la organización de eventos e impactos evangelísticos —en sus formas más variadas; o mejorando la manera de recibir a las personas en la iglesia y ministerios para llevarlo a cabo con mayor excelencia. Como describí en el capítulo anterior, la Comunicación en las iglesias es cada vez más multidisciplinaria. El background de cada miembro es esencial en la implementación de las acciones.

Sería casi imposible agotar el tema Marketing Digital en este libro. Sin embargo, en las referencias al final del mismo detallo varios libros y links interesantes a fin de que usted pueda conocer y profundizar sus conocimientos en el tema. Invierta tiempo en conocimiento. Pero no solo eso. También comparta conocimiento.

Capítulo 5

Social Media y redes sociales

«La revolución digital es irreversible, así como lo fue la llegada de la electricidad» (Martha Gabriel).

«Cada palabra que Dios pronuncia tiene poder y tiene vida. La palabra de Dios es más cortante que una espada de dos filos, y penetra hasta lo más profundo de nuestro ser. Allí examina nuestros pensamientos y deseos, y deja en claro si son buenos o malos.» (Hebreos 4:12).

Es imposible continuar este libro sin explicar la diferencia que existe entre dos términos que solemos confundir con mucha frecuencia: Social Media y redes sociales. En realidad no son sinónimos. Tienen significados diferentes:

Para facilitar su comprensión me gusta utilizar la definición de Roberto A. Loureiro, que encontré hace algunos años en Internet: «Veo las redes sociales como un lugar para relacionarse, y la Social Media como un vehículo».

Me gusta decir que la Social Media es un medio para compartir un contenido, mientras que las redes sociales involucran la interacción.

Social Media: Se trata de herramientas o sistemas on-line que posibilitan la interacción mediante el intercambio.

Una segunda definición, escrita por Andreas Kaplan y Michael Haenlein, dice que la Social Media está formada por un grupo de aplicaciones para Internet construido en base a los fundamentos ideológicos y tecnológicos de la Web 2.0, que permite la creación y modificación del contenido generado por el usuario.

Tenemos una infinidad de tipos de Social Media y de categorías dentro de ella, tal como se ve en el prisma de la *Social Media de Ethority*. Es interesante pensar que siempre surgen nuevas plataformas digitales que luego caen en desuso.

Algunos ejemplos:

- Foros de discusión: Yahoo Respuestas.
- E-mails.
- Referencia: Wikipedia.
- Publicaciones editoriales: Blogs.
- Redes sociales: Facebook, Twitter, Instagram.
- Intercambio de videos: YouTube, Vimeo.
- Streaming: Deezer, Spotify, Netflix.
- Intercambio de fotos: Flickr.
- Juegos.
- Y otros.

La imagen siguiente es del sitio conversationprism.com, que mostró recientemente un nuevo panorama de la Social Media en el mundo.

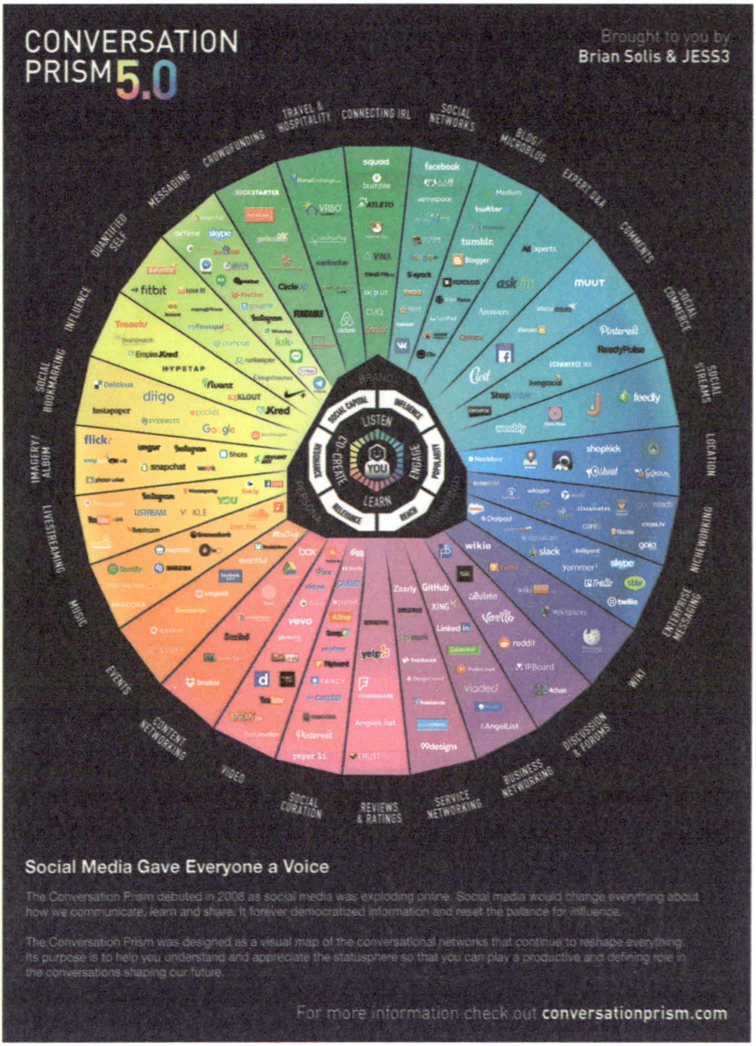

A través de ella podemos observar que las plataformas digitales están cada vez más segmentadas. Para quien quisiera profundizar más en el conocimiento del tema puede entrar al sitio, y estudiar las categorías y segmentos allí presentados. Podrá tener una visión más amplia en temas tales como: audiencia, compromiso, aprendizaje y creación (colectiva). Sin mencionar otros como: marca, comunidades y personas.

Redes sociales: Son redes de relaciones que abarcan diversos ámbitos, como: familia, escuela, universidad, trabajo, iglesia y otros. El término, tomado de la sociología, fue adoptado porque representa las interacciones on-line mediante las redes sociales digitales —que constituye el término más reciente.

Las redes sociales son estructuras sociales que existen desde la antigüedad, que se van volviendo cada vez más globales y complejas debido a la evolución de las tecnologías de la comunicación y de la información… Tiene que ver con las personas y con la relación entre ellas, y no con la tecnología o las computadoras. (Martha Gabriel, 2010).

Se trata de una estructura social compuesta por personas u organizaciones, conectadas por uno o varios tipos de relaciones, que comparten valores y tienen objetivos en común.

Es interesante comprender que por más amigos que tengamos en el medio digital existen investigaciones que indican que el número de interacciones en las redes sociales sigue la misma lógica del *off-line*. Según el psicólogo y antropólogo Robert Dunbar, en una entrevista realizada por el Times On-line en 2010, «lo interesante es que una persona puede tener 1500 amigos, pero cuando se observa el tráfico real que existe en los sitios se dará cuenta de que mantiene el mismo círculo íntimo de 150 amigos que posee en el mundo real».

Existen diversas redes sociales: Facebook, Instagram, LinkedIn, Pinterest, Twitter, YouTube, entre otras.

Y, como siempre digo, la iglesia no necesita tener cuentas en todas ellas. En realidad necesita saber **con quiénes** quiere hablar y **dónde** se encuentran esas personas. Muchos se equivocan al crear perfiles en todas las redes sociales sin tener una estrategia. Tampoco sirve abrir cuentas si no se actualizan periódicamente, porque difícilmente tendrá buenos resultados.

Un Social Media: Ser un Social Media Manager no es solamente ser un *heavy user* de la red. Saber «mucho» sobre Facebook, Instagram o Snapchat ayuda, pero es solo la punta del iceberg.

Áreas:

1. Debemos tener en cuenta que para trabajar con la Social Media existen diferentes segmentos dentro del área: Planeamiento, Gestión de Contenidos/Creación, Medición, Monitoreo, Anuncios – ADS (publicidad), métricas, media programática y otros. Generalmente, el profesional se identifica con una de las áreas y trabaja en ella. Pero es importante conocer cómo funciona cada una, lo cual no solo ayudará al trabajo en equipo sino también a obtener buenos resultados.
2. ¿Por dónde comenzar? Estudie, investigue y aprenda los conceptos básicos, como saber diferenciar entre Social Media y redes sociales (como vimos arriba). Antes de pagar un curso caro fíjese que YouTube tiene un gran acervo de charlas y clases —como ya mencioné anteriormente—, tanto generales como específicas para quien quiera trabajar en el medio digital.
3. En la Social Media las producciones/publicaciones son **muy importantes**. Hablaremos de este tema en el capítulo sobre Contenidos. Es importante saber qué se va a decir y cómo se lo va a presentar. Para ello el cuidado del texto, del material multimedia y del diseño/fotografías es primordial. No siempre un diseño realizado con una aplicación de un teléfono celular tendrá el alcance que podría tener si lo desarrollara un diseñador.
4. Tal vez muchos me dirán: «Elis, no tengo dinero para contratar a un diseñador o a un Social Media Manager para que se dedique a actualizar la Social Media de mi institución o marca. ¿Qué puedo hacer?» Mi sugerencia es que relea el ítem 2. Yo comencé a trabajar con la Social Media de manera profesional utilizando el Orkut (que en Brasil tuvo mucho auge años atrás). Para eso tuve que desarrollar habilidades que no tenía:

mucha investigación y horas de ver videos y escuchar charlas. Trabajar con la Social Media es pensar a mediano y largo plazo. No espere resultados rápidos. Pero si comienza hoy de aquí a 90 días habrá logrado óptimos resultados.

El Analista en Social Media no es solo un redactor sino una persona que piensa el contenido multimedia que subirá a Internet a fin de llegar al público con eficiencia. Analiza escenarios, gráficos, contenidos y estrategias. Debe ser alguien con una visión amplia de Internet. Debe conocer las principales plataformas digitales, saber producir un buen contenido y conocer las herramientas analíticas para realizar un buen diagnóstico de la marca. Es importante tener una visión estratégica para mejorar la presencia on-line de las iglesias, en nuestro caso mediante este libro. Y, aunque la persona se especialice en una de las áreas, es esencial que comprenda cómo funcionan todas las demás para que sus acciones resulten eficaces.

Las redes sociales deben ser solo algo más en la historia de su iglesia. Tener presencia en el medio digital no significa que debemos priorizar el *on* por sobre el *off-line*, sino saber utilizarlo con inteligencia a fin de complementar el trabajo que la institución ya realiza. Es importante entender que las plataformas digitales son uno de los medios para llegar a más personas, por lo cual las acciones que se desarrollen deben ser coherentes con las que el ministerio ya ejerce de forma *off-line*. Es del *off* al *on*, y del *on* al *off*, siempre complementándose. Las interacciones entre pantallas no deben sustituir a las interacciones personales. Debemos aprender a trasladar la conversación del *on-line* al *off-line*, y del *off* al *on*, como un complemento del trabajo ministerial.

El mundo* y las redes sociales

La investigación que realizó *We Are Social/Hootsuite*, a nivel mundial y publicada en enero de 2019, reveló que el 98% de las personas entró a Internet o usó una red social en el último mes; y el 83% publicó algo y estuvo un tiempo promedio de 2:30 horas on-line por día. Cada persona tiene —en promedio— 8,9 cuentas en las redes sociales. Y 24% de ellas utiliza Internet o la Social Media para fines laborales.

Cuando hablamos de la mensajería instantánea, como WhatsApp, los números varían bastante.

Las tres aplicaciones más usadas son:

- WhatsApp: en 133 países.
- Facebook Messenger: en 75 países (incluido los Estados Unidos).
- Viber: 10 países.

Uso del Facebook (que continúa siendo la red social más utilizada en el mundo):

- 96% desde smartphones y tablets.
- 25% desde laptops y PCs.
- 1,2% desde teléfonos celulares básicos.
- 16% desde tablets.

Uso de sistemas operativos:

- 76,9% Android.
- 14,1% Apple.
- 9,1% otros.

Las aplicaciones más bajadas en el mundo en 2018 fueron:

- Facebook Messenger.
- Facebook.
- WhatsApp Messenger.
- TikTok.

- Instagram.
- UC Browser.
- Shareit.
- Snapchat.
- Netflix.
- Spotify.

Cuando analizamos los datos, gráficos, estadísticas y rankings de Internet y la diversidad de herramientas de la Social Media en el mundo, debemos comprender que estamos hablando no solo de números sino de vidas a ser alcanzadas por el evangelio de Jesucristo.

Puede parecer obvio, pero para trabajar en las redes sociales es necesario que usted entienda qué son y qué características tienen. Las investigaciones nos muestran cuáles utilizan más las personas. Pero recuerde considerar también el tema de la franja etaria. Trabajar en el medio digital no es solo producir contenido sino interpretar este «universo» y aprender a trabajar con él.

Mucha gente cree que un trabajo eficiente en el medio digital es compartir un mensaje idéntico (replicar el contenido) en todas las redes sociales. Y en realidad cada una tiene características propias que debemos tener en cuenta al producir un contenido. La idea de este capítulo no es agotar todas las posibilidades de cada plataforma porque sabemos que están en constante evolución, sino presentar algunas de ellas:

Blog: Los blogs son las plataformas utilizadas para compartir contenido, en su mayoría, segmentado, o sea blogs de nichos. Existen blogs especializados en temas como: música —y dentro de ella diferentes estilos como: góspel, funk, cumbia, folklore y otros; películas; series; libros; emprendedurismo; marketing digital; comunicación; deportes; entretenimientos y otros. Hay mucho más de lo que acostumbramos a ver en las distintas secciones de un periódico: Política, Cultura, Economía, Ciudades, Deportes, Ciencia, etc.

Los blogs proporcionan contenido rico y amplio. Dentro de nuestro segmento cristiano vale la pena investigar temas de nuestro interés. Existen diversas especialidades.

Uno de los blogs con más visualizaciones del mundo es el Tumblr, que ofrece una plataforma interactiva que valora imágenes, como fotos, videos y gifts.

En el Marketing Digital se habla de la importancia de mantener un blog (o un sitio) on-line actualizado para una determinada marca. Pues el contenido publicado facilita que se lo encuentre en buscadores como el Google. El blog y el sitio pueden ser plataformas catalizadoras de la presencia digital que nos dirigen hacia otras, como las redes sociales. Y claro, las redes también nos dirigen hacia ellos.

Mucha gente se queja de que tiene cientos de seguidores en su página de Facebook pero que debe pagar para que las publicaciones lleguen a todos. No comprenden que de esa forma están construyendo una audiencia que en realidad no es de ellos sino de la misma red social, y que ella es la que les cobrará. La red es gratuita para los usuarios, pero quienes deseen promocionar una marca deben pagar. No se ilusionen. Este es un punto importante. Si crea el hábito de que su público vaya de sus redes sociales a su sitio/blog creará un público fiel que seguirá sus publicaciones.

Construir un público digital que lo siga exclusivamente en redes sociales puede ser un error, principalmente si usted no dispone de dinero para pagar anuncios o no tiene alguien que lo financie a fin de que sus seguidores vean lo que publica. Lo ideal es contar con una suma de dinero mínima que le dure todo el mes, pues lo ayudará a dar impulso a su trabajo y aún a dirigirlo hacia sus plataformas oficiales, como sitios o blogs.

Una pregunta que me hacen frecuentemente es cómo aumentar el público que lee un sitio o blog. Les comparto algunas formas:

- Promocionándolo en las redes sociales (incluso por WhatsApp u otras aplicaciones de mensajería instantánea).

- A través del e-mail marketing (herramientas como MailChimp son eficientes).
- Utilizando estrategias de SEO (Search Engine Optimization) que son un conjunto de buenas prácticas que facilitan que la marca sea encontrada en Internet.

REDES SOCIALES

Facebook: Es la red social con más visitas en todo el mundo. Fue fundada el 4 de febrero de 2004 por Mark Zuckerberg, en los Estados Unidos. En enero de 2019 contaba con 2.121 millones de usuarios, según una investigación de *We Are Social/ Hootsuite*. El Facebook continúa siendo la red social con más accesos a nivel mundial. Sin dudas, existe un gran tráfico de personas dentro de la red, por lo cual es una plataforma muy importante de comunicación para ser utilizada por nuestras iglesias y ministerios, un medio extremadamente importante para promoción e interacción virtual.

Recuerde que las marcas y personajes públicos deben tener una *fanpage* en la red social y no un perfil. Los perfiles son para personas físicas y punto. En cuanto a esto, existe un error muy común. Le cuento una experiencia que viví: En cierta ocasión una lavandería me envió una invitación para ser su «amiga» en el Facebook. La reflexión es simple: ¿Cómo yo puedo ser amiga de una lavandería? Realmente es imposible. Puedo ser una seguidora, pero no tiene sentido ser amiga de una empresa en un perfil que se usa para tener amigos.

El Facebook ofrece algunas aplicaciones que pueden facilitar la vida de quien administra la red social en Internet: Mentions, Messenger, Páginas y Negocios.

Facebook Live: es una herramienta que está disponible para todos los usuarios y páginas de la red con el fin de realizar transmisiones en vivo. En febrero de 2017 el mismo Zuckerberg publicó en la red que durante ese año la prioridad de entrega (contenidos que más se verían en el muro de los usuarios) serían los videos. Entonces, lo animo a que realice videos pero con contenidos realmente relevantes. Invierta en eso. Los videos generan gran alcance orgánico (no pago) en la red y pueden atraer a personas que tengan interés en los temas que usted comparte.

Eventos: Cree eventos en la página de su iglesia o ministerio para potenciar sus informaciones. Tenga en cuenta que al crear eventos de los programas locales los mismos usuarios comenzarán a invitar a otros a participar. Es el boca a boca que ya conocemos pero adaptado al medio digital. No pierda la oportunidad de promocionar los eventos de forma gratuita en el Facebook. Solo tenga cuidado de algo: Invite a personas que sean de su misma ciudad o región. No tiene sentido que les llegue a personas de otras localidades.

Publicaciones orgánicas y publicaciones pagas: En Facebook existen publicaciones orgánicas y otras pagas. Las orgánicas son aquellas que no pagamos y que alcanzan a la gente de forma intuitiva. El Facebook tiene algoritmos que le dan relevancia a algunas publicaciones más que otras, considerando la interacción de la gente: los *likes* (me gusta), los comentarios y lo que la gente comparte. Es el famoso Edge Rank (cuando pueda investigue sobre este tema). Las publicaciones pagas, vistas como «impulsos», pueden ser administradas por el link del Gerenciador de Anuncios del Facebook o mediante la aplicación Negocios.

Es posible promocionar una publicación para un público definido y específico. El Facebook tiene una infinidad de planes que se pueden pagar con la tarjeta de crédito o mediante cuenta bancaria. Esta área de anuncios del Facebook ha sido tema de diversos cursos y charlas on-line. Investigue acerca del tema en YouTube. Vale la pena. Pero, ¿le puedo hacer una sugerencia? Nunca dé impulso a una publicación cliqueando en el botón «destacar». Sale más caro y el segmento de gente a la que le llegará será mucho menor. Use siempre el Gerenciador de Anuncios del Facebook (busque en el Google cómo encontrarlo, el link cambia constantemente) para crear sus anuncios. Se sorprenderá de las posibilidades que encontrará. Quien diga que no obtiene respuestas al hacer anuncios en Facebook probablemente no sabe utilizarlo o lo hace mal.

Planificación: Las páginas del Facebook ofrecen la función «programar». O sea, usted no está on-line todo el tiempo. Entonces, separe un día a la semana para programar sus publicaciones.

Fake News: Poco antes de la publicación de este libro en su versión original en portugués, Facebook anunció una serie de medidas para combatir la diseminación de noticias falsas dentro de la red social. Temas como: edición de publicaciones e inserción de imágenes al introducir links externos a la red no están más permitidos.

Facebook Text Overlay: Si usted digita ese término en el buscador del Google encontrará una herramienta de la propia red que analiza el exceso de imágenes en los diseños que serán publicados. Al principio creí que la idea del análisis era para diseños de anuncios publicitarios. Sin embargo, luego de hacer algunos testeos, me di cuenta de que la herramienta también es eficiente para el alcance orgánico tanto en Facebook como en Instagram.

flickr

Flickr: Es un sitio de intercambio y hosting de fotos gratuito que es bastante utilizado (o lo fue) por fotógrafos y profesionales de la comunicación. Creado en febrero de 2004, en Canadá, se volvió uno de los sitios más conocidos de fotografía a nivel mundial.

Google+

Google+ (Google Plus): Es una red social lanzada por Google en junio de 2011. Fue creada para agregar los servicios de Google y así mejorar el ranking de búsqueda para quien usa esta plataforma con frecuencia. Sin embargo, en enero de 2019 Google anunció que la herramienta sería descontinuada a partir de abril de 2019.

Instagram: Lanzado en octubre de 2010, el Instagram siempre se consideró la red social de fotografía más famosa. Sin embargo, desde que fue adquirida por Facebook su historia cambió. Además de subir fotografías, hoy se pueden publicar videos de hasta 1 minuto de duración. A través del Instagram Stories se pueden hacer publicaciones semejantes (como una réplica) a las del Snapchat, y también transmisiones en vivo. Esto valorizó bastante la red, pues los usuarios que ya tenían una buena audiencia en el Instagram ahora pueden tener un alcance mayor de personas de diferentes maneras.

Otra buena opción que posee el Instagram es que puede transformar perfiles comunes en comerciales, posibilitando el seguimiento de estadísticas de la red post a post. Y, aún, crear anuncios pagos dentro de la red.

Entre las informaciones que el Instagram ofrece hoy en sus gráficos se encuentran: Impresiones de las publicaciones (cuántas veces fueron vistas en los últimos siete días), su alcance, las visualizaciones del perfil, los clics en el sitio, en el celular, las publicaciones con mayor número de impresiones en el último año, día de la semana y horarios de mayor audiencia, seguidores (género, franja etaria, ubicación), entre otros. Y así como lo sugerí para el Facebook, aquí también sugiero que utilice el Gerenciador de Anuncios del Facebook para crear sus anuncios. Hágalo tanto en el «Face» como en el «Insta». Lo ayudará mucho. Puede acceder al Gerenciador desde este link: facebook.com/business.

En junio de 2018 la red anunció que había llegado a los mil millones de usuarios activos. Y eso es algo que no se debe ignorar. El Instagram es una de las redes sociales más usadas del mundo. Ha sido ampliamente utilizada por iglesias y ministerios para informar acerca de sus cultos, mensajes y eventos.

Una característica importante de esta red social es la posibilidad de utilizar hasta 30 hashtags por publicación. Es importante tener hashtags propios de la marca o ministerio, pero también usar los que identifiquen los temas relacionados con las publicaciones. Una investigación publicada por *Rock Content* (una empresa brasileña) afirma que la cantidad de hashtags a colocar para que una publicación resulte más eficiente es de 11. Herramientas de gerenciamiento en redes sociales y bases de datos, como mLabs, agendan su publicación, por lo cual ya puede dejar los hashtags programados para que entren como un comentario a fin de no contaminar el texto de la publicación. ¿No está muy bueno?

#ConsejosDeElis: No aconsejo el uso de aplicaciones o acciones que apunten a aumentar el número de seguidores a cualquier costo. Permítame ser clara: ¡No compre seguidores! Ni en Instagram ni en ninguna otra red social. La importancia del crecimiento de seguidores de forma orgánica está directamente relacionada con la calidad de su base de fans. O sea, usted debe tener seguidores reales, o sea personas que realmente se interesan por los temas que usted comparte. No sirve tener seguidores Xing Ling (un meme de Internet que significa falso o fake) como oímos y leemos por allí.

Es fácil identificar perfiles que compran seguidores. Generalmente el número de publicaciones compartidas y comentarios no se corresponden con el real número de seguidores. En serio, no vale la pena. Es mejor que usted tenga 100 seguidores pero que sean personas reales que se interesan por los temas que usted comparte.

El Instagram posee otras tres aplicaciones que pueden hacer que sus publicaciones sean aún más interesantes. Vale la pena probarlas. Son el Boomerag, el Layout y el Instagram TV. El Boomerang genera micro videos que pueden ser muy graciosos e interesantes. Mi consejo: El Instagram muestra más videos que fotos a sus seguidores. Cuando usted crea videos puede seguir la publicación con mayor eficiencia ya que le permite saber cuántas personas vieron su publicación.

El Instagram TV o IGTV es el resultado de una tendencia mundial que es la producción y consumo de videos verticales. La idea de la herramienta es que el IGTV sea un canal de contenido separado del Instagram y que presente contenidos diferentes, originales. Sugiero a las iglesias que lo utilicen para grabar debates sobre temas relevantes, devocionales, mensajes o aún mostrar el backstage de alguna acción.

LinkedIn: El LinkedIn es una red social de negocios que fue lanzada en mayo de 2003. Al contrario de lo que muchos creen, no se trata de una red social de currículums on-line. Actualmente esta herramienta tiene 604,4 millones de usuarios (*We Are Social/Hootsuite* – enero/2019). El objetivo del LinkedIn es promover negocios on-line. De allí la interacción entre personas y empresas, páginas de corporaciones y la herramienta recientemente lanzada, el Pulse, que convirtió al LinkedIn en una plataforma de intercambio de textos informativos, al mejor estilo de un blog. El LinkedIn destaca en los diferentes países sus Top Voices, que son las personas del mercado que se han destacado a lo largo del año por la publicación de buenos contenidos. De todas las redes de las que participo actualmente, los links más interesantes que he visto se encuentran allí. ¿Se da cuenta? El LinkedIn es mucho más que «el sitio de Internet al cual se sube el currículum».

Periscope: Es una red social de Streaming en vivo lanzada por Twitter en marzo de 2015. Realiza transmisiones en vivo que permanecen en el aire por 24 horas y permiten la interacción del público mediante comentarios. La aplicación pertenece al Twitter y el inicio de sesión se puede hacer a través de esa cuenta o creando una cuenta independiente. El foco de esta plataforma son las transmisiones en vivo que aparecen tanto para sus seguidores como mediante un Mapamundi que muestra todas las transmisiones que se están realizando en vivo en ese momento. Lo interesante es que personas de cualquier parte del mundo pueden ver la transmisión, independientemente de que sean o no seguidores. Es posible guardar el video en una carpeta del teléfono celular y publicarlo posteriormente en otras plataformas digitales.

En agosto de 2015 la herramienta ya tenía más de 10 millones de usuarios. Sin embargo, desde el lanzamiento de las transmisiones en vivo del Facebook y el Instagram la herramienta está cayendo en desuso.

Pinterest: Es una red social de intercambio de fotografías que fue lanzada en marzo de 2010. Contrariamente al Instagram, la idea era crear cuadros de inspiración, como aquellos que teníamos en nuestras oficinas. Según datos publicados por Wikipedia, el público predominante de esta red está compuesto por mujeres de entre 35 y 44 años de edad. Una vez más destaco la importancia que tiene analizar cuál es el público de cada red social antes de abrir una cuenta en ella.

El Pinterest se usa con sus «pins» para crear carpetas temáticas en las que la gente guarda imágenes de su interés. Vale destacar que se encuentra entre las 20 redes sociales más visitadas del mundo. Ejemplos de temáticas encontradas en dicha red: arquitectura; literatura; organización; casamientos; cumpleaños; música; películas; series; frases y otras.

Snapchat: El Snapchat es una red social basada en imágenes. Fue creado en septiembre de 2011. Utiliza filtros variados y también reproduce videos de hasta 10 segundos. También posibilita el envío de mensajes privados a otros usuarios, que se «autodestruyen» luego de ser visualizados por su destinatario. Ha atraído a una gama inmensa de adolescentes y, recientemente, también a adultos y a algunas marcas. El hecho de que el Instagram haya lanzado a mediados de 2016 la función Instagram Stories, que replica las funciones de esta red, produjo la caída de adeptos a esta red social. Se encuentra entre las 20 más visitadas del mundo actualmente, con cerca de 250 millones de usuarios.

Evan Spiegel, uno de los fundadores del Snapchat, defiende a esta red social diciendo que es una nueva manera de contar historias por medio de fotografías. «Antiguamente se tomaban fotografías para recordar momentos. Ahora se las utiliza para hablar, y por eso las personas toman y envían miles de fotografías a través del Snapchat todos los días». Link de la entrevista: http//glo.bo/1NG3YZv.

Los especialistas ven al Snapchat como una red social breve, efímera y líquida. O sea, de rápido consumo. Aquellos que saben comunicarse de ese modo son en general exitosos en dicha plataforma. Sin embargo, dejo aquí una reflexión acerca del contenido que publique en ella. Vaya más allá de la futilidad. Invierta en contenido que sea de real interés. Invierta en pequeños momentos. ¿Sabía que el 62% de las personas usa el Smartphone para buscar soluciones a problemas? Usted podría publicar el contenido correcto en el lugar correcto. Piénselo.

El Snapchat puede tener el aspecto de bastidor de un evento/programa o del paso a paso de un proceso. Mientras que las investigaciones indican que llegamos a desbloquear el Smartphone cerca de 150 veces al día, el Snapchat recibe cerca de 8796 fotos por segundo.

«Usar el Snapchat es saber encontrar su propia voz, su nicho. Puede ser una persona graciosa o más bien un informante. Lo importante es que encuentre su propia voz y se mantenga fiel a ella. El Snapchat es la nueva televisión, y la mejor parte es que los usuarios tienen el control de su propio show.» (Julz Goddard, influencer del Snapchat).

Al cierre de la versión original de este libro, salió una noticia en el G1 basada en la publicación de Bloomberg que afirma: El Snapchat pasa al Twitter en número de usuarios únicos. La noticia indica que el Snap tiene 150 millones de usuarios únicos por día. A pesar de que no existen datos oficiales de la red del pájaro azul, se hizo un cálculo y se llegó a la conclusión de que el Twitter tendría cerca de 136 millones. Independientemente de que las informaciones sean o no oficiales, nos deja una pequeña luz encendida para pensar y repensar todos los días cómo podríamos utilizar el Snapchat para nuestra vida personal, para los negocios y, principalmente, para nuestras iglesias y ministerios. He visto buenas publicaciones en perfiles personales de iglesias, marcas o ministerios, pero aún no encontré nada que se destaque. Al contrario, veo más de lo mismo, siempre con una tendencia hacia el entretenimiento. Aun no encontré herramientas que puedan medir un perfil en el Snapchat para hablar de la eficiencia y el alcance de la red. Sabemos quiénes ven nuestras publicaciones por las visualizaciones que aparecen allí. Pero existen otras formas de interactuar con las personas. Solicitar que ellas hagan captura de pantalla de lo que usted publica puede indicarnos algo o aún el envío de mensajes directos a su perfil. Si va a usar esta red, hágalo con creatividad y consciencia de los recursos que ella ofrece.

Swarm: Es una red social de geolocalización que pertenece al Foursquare. Lanzada el 15 de mayo de 2014, apareció como substituto del entonces conocido Foursquare, que se transformó en una red de reputación on-line. A través del Swarm es posible que usted pueda compartir su ubicación con amigos, y aún comentar y calificar los lugares visitados. Además de la interacción a través de la red, es frecuentemente utilizada para consultas de reputación de los lugares registrados. ¿Ya averiguó si su iglesia o ministerio está registrado en esta plataforma?

Twitter: Es una red social conocida como microblogging a causa de su principal característica: publicaciones de hasta 140 caracteres. Creada el 5 de julio de 2006, el Twitter es conocido por funcionar como termómetro de temas que se transmiten en vivo. El *Trending Topic* (los temas más comentados del momento) repercute en programas de televisión, transmisiones deportivas y coberturas on-line de eventos. Una de las características de la red es el *TimeLine* (muro), que puede ser bueno o malo de acuerdo con las personas y marcas a las que usted escoja seguir. En noviembre de 2017 el Twitter aceptó que se escribieran 280 caracteres, o sea el doble de espacio, para una publicación. Pero es interesante observar que aún un año después la mayoría de las publicaciones sigue el formato de utilizar 140. ¿Será el poder del hábito?

WhatsApp: Es la aplicación de Social Media de mensajería instantánea más utilizada en el mundo, según una investigación de *We Are Social* (enero de 2019). La herramienta fue creada en 2009 y ya acumula 1500 millones de usuarios en todo el mundo. Y, sin dudas, es una de las herramientas más usada por todos nosotros todos los días. Una característica interesante, y explorada muchas veces de manera equivocada, es el uso de las Listas de Difusión. Con autorización de los usuarios se puede crear una lista, por ejemplo, para el envío de mensajes devocionales en texto, audio o video. Vi esta iniciativa en algunas iglesias y me di cuenta de que es una buena posibilidad para alcanzar a las personas a diario a un bajo costo.

Recuerde que los mensajes enviados a una Lista de Difusión solo serán entregados a una persona si el número de teléfono de usted está agregado a la agenda de ella. Sino la aplicación reconoce el número como spam y no le entrega el mensaje a la persona.

#ConsejosDeElis: Abra un canal de conversación con sus miembros por medio de Listas de Difusión. Promocione un número de teléfono de su iglesia o ministerio que será el responsable del envío de los mensajes. Pida que le envíen un texto más o menos así: «Me gustaría recibir noticias de la iglesia o ministerio por medio del WhastApp». Y solo agregue a las personas que solicitaron la inclusión de su número en la lista. El WhatsApp permite tener hasta 256 personas en cada lista de difusión.

Se trata de un medio barato y eficiente para enviar avisos, información y mensajes de la iglesia a los miembros e interesados. Piénselo.

YouTube: Forma parte de la *Social Media* y permite compartir videos en su sitio. Tiene una aplicación para smpartphones y tablets. Creado el 14 de febrero de 2005, es la mayor plataforma de videos del mundo y la plataforma digital más visitada en el Brasil, ¡dejando atrás inclusive al Facebook!

Muchos no entienden el éxito de los *YouToubers*, que son los verdaderos productores de los videos de la red, o de los *influencers* digitales. En mi blog escribí una publicación acerca de este tema (puede acceder a él: http//bit.ly/2nlXtu6). Al analizar cada uno de estos canales exitosos, podemos ver a personas haciendo lo que nadie había hecho antes. O, aún, haciendo algo de un modo mucho mejor y más interesante.

Recientemente, YouTube cambió algunas de sus políticas de uso y solo los canales con más de 10 mil seguidores pueden conseguir que sus videos sean pagos. Otro detalle es que solo pagan videos del estilo Family Friendly, o sea que produzcan contenidos para la familia. Dejaron de pagar videos que diseminan preconceptos, odio, insultos, humor negro y cosas por el estilo.

Siempre vale la pena reforzar este consejo: Utilice el YouTube como un canal de conocimiento. Hay infinidad de videos de predicaciones, tutoriales, testimonios y orientación acerca de diversos temas.

#ConsejosDeElis: Una manera muy fácil de que su plataforma de YouTube funcione es realizando transmisiones en vivo de los cultos y reuniones de su iglesia o ministerio. Una vez me preguntaron cuál era la plataforma más eficiente para transmitir videos en vivo, si Facebook Live, Instagram, Periscope o YouTube. Y aquí va mi reflexión:

Facebook Live: Si usted busca generar una mayor interacción con la gente las transmisiones de esta página pueden ser muy interesantes. Porque cuando la transmisión en vivo termina el video inmediatamente se transforma en una publicación y puede ser vista por todos. Sabemos que el Facebook es la red social más utilizada en el Brasil y en otros países del mundo, y se está poniendo muy de moda subir videos a los muros, entonces, es muy probable que nuestro público lo vea. Por otro lado, sabemos que las transmisiones no llegarán a todos los seguidores de la página si no es a través de una publicación paga.

Instagram y Periscope: Las transmisiones por Periscope se utilizan mucho para eventos en vivo, aunque no tanto para cultos. Cuando la transmisión termina la gente podrá ver los videos en la red durante las siguientes 24 horas. Es una red enfocada en el «vivo», no en la visualización de los videos los días posteriores. Lo bueno de esta red es que puede alcanzar a personas de todo el mundo mediante una herramienta llamada Mapamundi, sean o no seguidores de la persona. En cuanto al Instagram, transmitir un culto en vivo tiene la ventaja de que todos los seguidores que están on-line en ese momento serán notificados de que usted está transmitiendo en vivo. Aun así, la publicación desaparecerá a las 24 horas.

YouTube: Las transmisiones en vivo por YouTube son muy interesantes, así como las demás herramientas. Cuando el Live termina el video continuará en la plataforma como una publicación. En YouTube usted llegará a sus seguidores. Según la interacción y participación de las personas durante las transmisiones que realice, estas pueden aparecer como destacadas en el home de YouTube. Otro tema interesante es que YouTube monetiza los videos. Más allá de que la transmisión es gratuita, YouTube paga al canal según el número de visualizaciones del video.

Evalúe y fíjese cuál de estas tres herramientas pueden auxiliarlo en sus transmisiones en vivo y en cuál de ellas usted tiene mayor audiencia en ese momento. Si puede hacer una transmisión en vivo por una sola plataforma tal vez sea sabio que lo haga desde aquella en la que tiene mayor audiencia, y que lo comparta posteriormente en las demás. Si logra transmitir en vivo por dos (Facebook y YouTube) al mismo tiempo mejor aún. Lo importante es que usted entienda la trascendencia que tiene que los mensajes que se predican en sus reuniones estén disponibles en Internet.

YouVersion: Se trata de la aplicación de la Biblia más conocida y bajada en el mundo. Fue desarrollada por la *Life Church*, de Estados Unidos. Hasta el cierre de la edición original de este libro, el sitio youversion.com arrojaba un total de 365.525.469 aplicaciones bajadas, estando en más de 1.285 lenguas y 1.865 versiones. Piense si alguna vez usted y yo podríamos haber tenido acceso a tantas Biblias, en tantos idiomas y versiones diferentes.

Y no solo eso. El YouVersion es una red social. Cuando usted entra la aplicación puede agregar hasta 150 amigos, con los cuales usted puede interactuar por medio de marcadores bíblicos, planes de lectura de la Palabra y, aún, mediante la creación de diseños con versículos para compartir en otras redes sociales. Vale la pena conocer y promocionar este trabajo sensacional de *Life Church*.

Existe una infinidad de herramientas en la Social Media. Intenté destacar aquí las más utilizadas o sobre las cuales la gente más me consulta. Si usted desea saber más acerca de este tema estoy a su disposición. Puede hacerlo a través de mis redes sociales o de mi e-mail, que se encuentra al final del libro.

#ConsejosDeElis: ¿Qué tal si anima a su grupo de estudio bíblico o a su célula a que sean amigos en la aplicación de la Biblia, y hacen planes de realizar estudios bíblicos juntos? De esta forma uno podrá acompañar el desempeño del otro en la red social y estudiar semanalmente los temas propuestos.

Capítulo 6

Contenido digital

«Si queremos interactuar de la mejor forma posible con la tecnología debemos reconocer que lo más importante no son los dispositivos individuales que utilizamos sino las experiencias humanas que estos son capaces de crear» (Tom Chatfied).

«Algunos de ustedes dicen: "Soy libre de hacer lo que yo quiera." ¡Claro que sí! Pero no todo lo que uno quiere, conviene; por eso no permito que nada me domine.» (1 Corintios 6:12).

¿Sabía que en la actualidad el 85% de las búsquedas de Internet se realizan en la página del Google? Por lo tanto, si usted publica buenos contenidos y utiliza los hashtags correctos probablemente será encontrado por el mayor buscador del mundo o por el segundo, que es YouTube.

Existe un término muy utilizado entre los profesionales del medio digital que es «Marketing de Contenidos» (*Content Marketing*). Se trata de la práctica de producir contenidos interesantes y estratégicos con el objetivo de atraer al público. O sea, cuando se publica material de calidad en el medio digital usted agrega valor y atrae a una audiencia relevante.

Piense qué bueno sería transmitir los cultos en vivo por Facebook (live), Periscope o YouTube. Pero no se detenga allí. Vuele aún más alto y pregúntese: ¿Por qué no transmitir también las reuniones pequeñas de estudios bíblicos, células o ensayos? Tómelo como un ejercicio: ¿Qué tipo de contenidos desarrolla mi iglesia o ministerio que no está publicando en la web?

Siempre hablo acerca de la importancia que tiene que la persona a cargo de la Social Media esté totalmente alineada con el liderazgo de la iglesia y del ministerio. El discurso en el medio digital dependerá de que haya una adecuada interacción entre ellos. Piense que las publicaciones sin profundidad generalmente reflejan una falta de sintonía entre el equipo de Comunicación y el liderazgo.

Para que el trabajo en el medio digital sea adecuado es necesario que se cumplan los siguientes pasos:

1. Planificación

Para poder realizar una adecuada planificación es necesario que la visión esté alineada con la del liderazgo de la iglesia o ministerio. Tenga objetivos claros. Sepa qué mensaje quiere transmitir: si su iglesia desea compartir los mensajes de los cultos o si quiere enseñar acerca de otros principios bíblicos, teológicos, etc. Que su objetivo sea atraer personas que interactúen, y que así el nombre de la iglesia sea conocido en la región y en el medio digital.

En la planificación también se deben definir los parámetros a fin de saber si su campaña digital está obteniendo los resultados deseados. Por ejemplo el KPI (*Key Performance Indicator*, en español: indicador clave de desempeño o indicadores de gestión) produce un aumento de seguidores en el Facebook, de vistas en YouTube, de visitas en el sitio, e impulsa a que la gente comparta sus publicaciones. De ese modo habrá un aumento de visitantes en sus reuniones, originado por la Social Media. En la planificación es donde se define el público-target. Parece una tarea fácil pero es de extrema complejidad. He visto clientes que pensaban que estaban hablando con mujeres de 24 a 34 años, y el público real era de jóvenes de 14 a 23 años. Ya mencionamos el tema anteriormente.

Una buena planificación incluye el conocimiento del segmento de población con el que se interactúa. Pregunte, converse con las personas, con los líderes, con los miembros, con los visitantes, con los internautas. No olvide que las personas se acercaron por haber realizado una búsqueda en su Social Media. Eso lo ayudará significativamente a la hora de crear estrategias.

Escoja qué plataformas digitales utilizará: sitios, blogs, redes sociales, e-mail marketing, etc. No todo el mundo está en la red social que su iglesia o ministerio utiliza. Conozca cada una de ellas antes de abrir una cuenta. Considere sus características y cuál es el público que la frecuenta. Hoy es un hecho que la red social más visitada en el Brasil y en Latinoamérica es el Facebook. Entonces, es esencial realizar un trabajo en el que se construya la reputación de su marca en ella.

También en la planificación se debe definir qué herramientas se utilizarán para agendar, monitorear y medir los resultados.

2. Ejecución

Leí recientemente que lo que se escribe en las planillas de Excel difiere mucho de lo que sucede en la realidad. Y es verdad. Cuántas veces realizamos una planificación y un cronograma «perfectos» y, repentinamente, debemos rehacer toda la estrategia de acción.

Es importante que el equipo de su iglesia o ministerio tenga claro cómo se realizará el flujo de trabajo. Existen herramientas on-line, que mencioné en el capítulo que habla sobre herramientas. Algunas, inclusive tienen aplicaciones que lo pueden ayudar en el seguimiento de su tarea.

Cuando hablo de contenido no quisiera olvidarme de darle un consejo: Junto con el liderazgo de su iglesia realice un buen Briefing. Se trata de un documento que servirá como guía de la Comunicación. En mi blog hay un modelo de Briefing que lo puede ayudar. Puede acceder a él entrando en: http://bit.ly/briefingigreja. De allí puede extraer información, referencias e inspiración para el proyecto que desarrollará, como también detalles sobre colores, fuentes, estilos y materiales que pueden enriquecer la tarea a la hora de estructurar el plan de Comunicación y las acciones que se llevarán a cabo. Con un briefing completo podrá tener en claro cuál es la visión y cuál el segmento de población a alcanzar mediante estudios, reuniones y mucha investigación.

Contenido: Defina el abordaje en la presentación a fin de que se logre alcanzar el objetivo.

Hoja de ruta: Que el mensaje sea claro y objetivo mediante historias e informaciones lógicas. ¿Oyó hablar del *Storytelling*? Estudie el tema.

Diseño: Traduzca en imágenes y elementos gráficos el concepto a ser presentado.

Calendario editorial: Cree un calendario con fechas conmemorativas de ámbito nacional, profesional, de la misma congregación y otras.

Cronograma de publicaciones: Sirve para que no se olvide nada de lo que se realizó, y lo que necesita agendar para la semana, el mes y el año. Inclusive para planificar las transmisiones en vivo.

Tenga una lista con los posibles temas que abordará en las publicaciones (aprobados previamente por el liderazgo).

No publique el mismo contenido en todas las redes sociales. Cada una tiene un lenguaje diferente (ver la infografía «Comprendiendo la Social Media con la Biblia»). Es posible hablar de un mismo tema pero teniendo en cuenta las características de cada red.

Cuando realice publicaciones en su blog o sitio promociónelo en sus redes sociales.

Identidad visual: Es más importante de lo que parece. Mantenga la misma imagen de perfil en todas sus redes sociales. Asimismo, que los banners del margen superior de su blog y del muro de sus redes sociales tengan las mismas características y relación con la imagen de la iglesia o ministerio.

La Tabla Periódica del Marketing es una de esas herramientas que usted encontrará en Internet y usará para su vida. En ella es posible encontrar Insights para la Producción de Contenidos para Internet. La versión colorida, disponible gratuitamente en el sitio de *Pílula Criativa,* se encuentra en: http://bit.ly/tabelamarketing. Tiene muy buenas referencias para usarla como material.

Tabla periódica del marketing de contenidos

Guía de 7 pasos para el éxito:

1. Reserve un tiempo para definir su estrategia.
2. Defina el formato que planea usar.
3. Piense qué tipos de contenido va a ofrecer a su público. Investigue mediante tormenta de ideas, y créelos.
4. Comparta su idea a través de contenidos clave en las distintas plataformas.
5. Mida la efectividad de su campaña a través de métricas clave, y mapéela hacia sus objetivos.
6. Interiorícese sobre el uso de la interacción a través de los botones (emoticones). Cerciórese de trabajar con las emociones.
7. Siempre verifique su trabajo.

Ec Estrategia de contenidos																	
Ar Artículo	**Pr** Presentación												**Pv** Páginas visitadas	**Dc** Descargas	**Vu** Visitantes únicos	**Tr** Tasa de rebote	**Tf** Tráfico
V Video	**In** Infografía												**Bm** Métricas de marca	**Mr** Métricas de reputación	**Nv** Nuevos visitantes	**Kp** Key Pages	**Br** Branding
I Imagen	**Np** Nota de prensa	**Cm** "Cómo..."	**An** Análisis	**Pg** Basado en preguntas	**Ti** Ahorro de tiempo	**Mp** Mejores prácticas	**Co** Compilación	**Ca** Estudio de caso	**St** Estadísticas	**De** Debate	**Wb** Página web	**Bl** Blog	**Of** Pieza offline	**Mi** Microsite	**Mi** Métricas de impacto	**Dg** Datos demográficos	**Vs** Ventas
Ev Evento	**Wb** Webinar	**Et** Entrevista	**Pe** Pregunta al experto	**Rs** Recursos	**Lb** Linkbait	**Pl** Plantillas	**Ee** Relacionado con eventos	**Iv** Investigación	**Da** Datos	**Cn** Concurso	**Tw** Twitter	**Fb** Facebook	**Li** Linkedin	**Pi** Pinterest	**Ma** Métricas de adquisición	**Mb** Métricas de búsquedas	**Bu** Búsquedas
J Juego	**Ap** Aplicación	**Ts** Test	**Ex** Experimento	**Pd** Productividad	**Di** Diversión	**Pr** Producto	**Gu** Guía para principiantes	**In** Inspiracion	**Op** Opinión	**Ck** Checklist	**Yo** YouTube	**Vm** Vimeo	**Gp** Google +	**Fo** Foros	**Is** Instagram	**Nm** Nuevos miembros	**Me** Miembros
Fl Folleto	**Eb** Ebook	**Tm** Testimonio	**De** Definiciones	**Gl** Glosario	**Nj** Newsjacking	**Ga** Galería	**En** Encuesta	**Re** Reseña	**Fi** Fiction	**Gf** Gifs	**Re** Reddit	**Ig** Imgur	**Vn** Vine	**Sl** Slideshare	**Tu** Tumblr	**Ms** Métricas sociales	**Cu** Cuotas de mercado
El E-learning	**Em** E-mail											**Wh** Whatsapp y similares	**Rh** Portal de empleo	**Pu** Publicidad	**Fk** Flikr	**Mg** Métricas de engagement	**Eg** Engagement

- Estrategia
- Formato
- Tipo de contenido
- Plataforma
- Métricas
- Objetivos
- Razón para compartir
- Indispensable

Gr Gracioso	**Sx** Sexy	**Ip** Impactante	**Cm** Conmovedor	**Ic** Increíble	**Po** Polémico	**Gy** Guay	**Ck** Checklist	**Ss** Sin sentido	**Zg** Zeitgeist	**Aw** Tierno	**Mv** Motivador	**Aq** Asqueroso
Sq Search queries	**Ob** Optimizar buscadores	**Ed** Edición copy	**Fm** Formato	**Hd** Optimizar encabezados	**T** Tono y lenguaje	**Es** Guía de Estilo	**Lc** Lenguaje claro	**Dd** Multi dispositivo	**Cf** Comprobar fuentes	**Ff** Mencionar fuentes	**Ct** Call to action	**Fd** Invitar al Feedback

Aquí encontrará 7 pasos para alcanzar mejores resultados en el medio digital:

1. Reserve un tiempo para definir su estrategia.
2. Defina el formato que planea usar.
3. Piense qué tipos de contenido va a ofrecer a su público. Investigue a través de una tormenta de ideas, y créelos.
4. Comparta su idea a través de contenidos clave en las distintas plataformas.
5. Mida la efectividad de su campaña a través de métricas clave, y mapéela hacia sus objetivos.
6. Interiorícese acerca de la interacción de la gente (al utilizar los botones o emoticones). Cerciórese de trabajar con las emociones.
7. Siempre verifique su trabajo.

Pilares de la Tabla Periódica del Marketing:

- Estrategia.
- Formato.
- Tipo de contenido.
- Plataforma.
- Métricas.
- Metas.
- Botón de compartir.
- Lista de verificación.

3. Medición

Las métricas son tan importantes como la planificación o ejecución. Es allí donde usted se dará cuenta si se están alcanzando sus objetivos o no.

Si su objetivo es que la gente encuentre su iglesia o ministerio a través de Internet, se debe preguntar: ¿Mis publicaciones fueron las adecuadas como para que lo encuentren? ¿Actualizo con frecuencia el sitio, blog y redes sociales de la iglesia? ¿El contenido que publico genera respuestas en la gente, o simplemente copio y pego lo que otros producen?

En primer lugar es importante que comprenda que el contenido de calidad que cree atraerá a un número cada vez mayor de personas a sus plataformas digitales. Eso significa que la labor del profesional de Social Media no es simplemente hacer dos publicaciones al día en el Facebook o en el Instagram, a modo de cumplir. Es más importante crear buenos contenidos que publicar algo. Por eso es necesario que previamente realice una adecuada planificación a fin de producir luego excelentes publicaciones que se diferencien de la media. Y, también, que realice un monitoreo para analizar la eficiencia de su trabajo, lo cual podrá ayudarlo a la hora de actualizar o rehacer estrategias.

Cree publicaciones —textos, videos, fotografías, diseños, infografía y todo tipo de contenido multimedia— que sean capaces de transformar la vida del internauta. Se trata de crear una línea de pensamiento en la producción de mensajes que sea realmente impactante, útil. Es distinto si usted publica un video para promocionar un tema musical o un videoclip en YouTube (un «cover»), que si publica un tutorial en el que enseña a tocar un instrumento musical. En él podrá explorar e incluir cuestiones como la afinación del instrumento, partituras, ensayos, dificultades y trucos.

#ConsejosDeElis: ¿Qué tipo de contenidos debo publicar en las distintas plataformas de mi iglesia o ministerio? En mi blog hay un post en el que doy cinco consejos: http://bit.ly/1OojAj2

Tenga en cuenta estas sugerencias:

- Cree una línea editorial: seleccione los temas que abordará en el medio digital. Pregúntese, por ejemplo, si los memes tienen que ver con el discurso y la reputación que pretende construir para su marca/iglesia/ministerio.

- Imágenes: invierta en buenas fotografías y diseños. Tenga cuidado con los derechos de autor. Utilice solo fotografías del banco de imágenes gratuitas o pague si desee utilizar otras. Lo importante es respetar el derecho autoral de quien realizó la imagen o publicó la fotografía. En el capítulo que hablo sobre herramientas hay algunas sugerencias al respecto.
- Versículos bíblicos.
- Devocionales.
- Mensajes y testimonios.
- Temas musicales y clips.
- Promoción de eventos.
- Consejos acerca de libros, películas, CDs y DVDs.
- Realice videos cortos con mensajes breves. Es muy bueno ver a los líderes hablar a sus seguidores en las redes sociales.
- Enseñe algo, cree tutoriales. Por ejemplo, cómo armar un bosquejo bíblico, cómo tocar cierto tema musical, cómo realizar un ensayo, cómo calentar la voz, cómo producir un buen texto, cómo organizar una hoja de ruta de estudios bíblicos, etc.
- Encuentre un punto de equilibrio para su discurso en el medio digital según las características de la iglesia. Lo ideal es que no sea ni demasiado formal ni demasiado informal.
- Que la exposición de su iglesia, ministerio o perfil personal sea sana.
- No transforme su marca en un reality show.
- Para quienes trabajan en el medio digital, ¡cuidado con los excesos! Estar on-line por demás puede generar falta de productividad.
- Realice preguntas a su público. Esté atento a lo que ellos buscan en su red.

- Más importante que preguntar es escuchar a su público. Lea lo que le preguntan y sugieren. Y cree contenidos a partir de las dudas de sus seguidores.
- Hable acerca del Reino de Dios, genere fe, esperanza y amor en el corazón de las personas a través de sus publicaciones. Lo que vemos con frecuencia en Internet son malas noticias y chistes de mal gusto. Entonces, ¿por qué no hacer algo diferente?
- Use siempre el medio digital como fuente de conocimiento.
- ¿Cómo lograr que sus plataformas digitales y sus publicaciones sean conocidas fuera de las redes sociales? Invierta en el e-mail Marketing: con él informará a su público calificado acerca de las novedades. Jamás compre una lista de mailing. Son ilusorias y le harán perder un tiempo muy valioso para hablar con personas que no son su público/target. Invierta su energía en construir listas cualitativas y no solo cuantitativas. Existen herramientas con versiones pagas y otras gratuitas, como MailChimp y LeadLovers que le ayudarán en el proceso.
- Use los hashtag de un modo estratégico. Tenga cuidado de #no #colocar #hashtag #en #todo. No es la manera más adecuada de usarlos. En otro capítulo detallaremos más estas cuestiones.
- Un recurso bastante utilizado en el medio digital es la curaduría. Solo compartir contenidos que otros publican no es tan interesante. Esté atento a eso.
- Tenga cuidado con los errores gramaticales. Pueden «matar» su publicación y trabar la construcción de su marca en Internet. «Todos fallan» es lo que escucho siempre. Pero la idea es releerlo antes de publicarlo para evitar cometer errores. Lamentablemente, he visto transmisiones on-line de texto por Twitter, Facebook e Instagram de iglesias que escribieron

palabras con errores de ortografía. Algunas hasta con errores en las referencias bíblicas. ¡Cuidado!

- Dé a conocer sus plataformas digitales: sitio, blog y redes sociales en Internet y fuera de ella. Coloque sus plataformas en el asunto de los correos electrónicos y posibilite que lleguen hasta usted.

Además de mi blog: www.elisamancio.com.br/blog decidí abrir mi propio canal en YouTube: youtube.com/elisamancio. Aprendí a compartir contenidos en video (aunque me cueste mucho hacerlo), además de los textos (que tanto amo escribir). Pero la vida es así. Repleta de desafíos. No se desanime ante el primero. Prosiga.

Existen varios canales que enseñan a producir buenos videos. Les daré algunos consejos en el capítulo Herramientas.

Una manera muy interesante de producir contenido que deje huellas en el medio digital son los congresos on-line. ¿Participó de alguno?

En menos de un año tuve la oportunidad de hablar en tres congresos on-line cristianos. Los ideólogos posibilitaron que los internautas tuvieran acceso a mis palabras en tiempo real. Durante el evento podían verlo de forma gratuita, y luego del evento accediendo a la plataforma por un valor simbólico. Me enteré que la primera persona que realizó un congreso cristiano on-line fue la bloguera, egresada de Moda y Estilo, Mariana Simionato. En noviembre de 2015 se llevó a cabo el Congreso On-line de Mujeres Cristianas. ¡Cuántas personas desearían poder participar de congresos y seminarios, pero no lo hacen por cuestiones financieras (pasajes, hospedaje, alimentación), profesionales (no tienen disponibilidad) o personales (familia, universidad, hijos)! Es importante que entendamos que tiene un costo transmitir o subir el congreso a la web. Se debe pagar al diseñador, al dominio, a la estructura de la transmisión, etc. No es gratuito. Por más que este tipo de eventos permita que la programación sea gratuita toda la semana, los organizadores deben pagar. Por eso la mayoría cobra un monto simbólico luego de la fecha oficial para que el evento «se pueda pagar».

¿Desea realizar un óptimo trabajo en el medio digital? Entonces, ponga la casa en orden y continúe al próximo punto. En Internet un contenido inteligente, perspicaz, bien producido (aunque algunas veces no tanto) y planificado tendrán un alcance mayor.

* Se realizan a diario diversas investigaciones, y probablemente estos datos estén desactualizados cuando usted lea este libro. En mi blog: www.elisamancio.com.br/blog publico constantemente nuevos datos y números acerca del medio digital en el mundo.

Capítulo 7

Cobertura on-line

«Internet es una red de personas, no de computadoras» (Conrado Adolpho).

«Id por todo el mundo y predicad el evangelio a toda criatura» *(on y off-line)*. (Marcos 16:15, agregado entre paréntesis mío.)

Cuando leí la frase de Conrado Adolpho por primera vez recordé cuando comencé a escuchar hablar acerca de Internet, en la década del '90. ¡Uau! ¡Cómo cambian los conceptos! Antes decíamos que Internet era una red de computadoras. Pero Adolpho tiene razón. ¿Qué sería de las computadoras sin las personas que están detrás dándole vida a Internet? Mi deseo es que podamos usarla cada vez con mayor conciencia y decencia.

Aprendí a trabajar realizando coberturas on-line en vivo en mi iglesia local: la Iglesia Bautista da Lagoinha, en Belo Horizonte, Minas Gerais, Brasil. La cobertura on-line de eventos es un trabajo periodístico que intenta brindar el máximo de información posible de un culto o reunión a quienes lo siguen desde lejos. Ya sea mediante un texto, fotografías, videos o la diversidad de contenidos multimedia que existe hoy, la idea es reproducir en las redes sociales lo que está sucediendo en el lugar.

Al ponerme a pensar, recordé que mi primera experiencia de cobertura on-line fue por Twitter, en un Congreso de *Diante do Trono* (2009), el cual relato más abajo. Pero en realidad en 2008 comencé con este trabajo. Primero para el Blog de Jóvenes, y luego para la Confraternidad Joven, ayudando al equipo de Lagoinha.com en la producción de fotografías, y obteniendo declaraciones de los participantes del evento para luego publicarlas en el sitio de la iglesia. Luego, en agosto de 2008, participé de la grabación del CD y del DVD «Para adorar ao Senhor» [Para adorar al Señor], del grupo infantil *Crianças Diante do Trono*.

Pero, sin dudas, la experiencia que más me marcó de las coberturas on-line fue en un Congreso de *Diante do Trono*, en abril de 2009. Mi gerente de Comunicación de Lagoinha.com, en esa época Ana Paula Costa, nos encargó a mí y a otra periodista, Vanessa Freitas, que estudiáramos la red e implementáramos el Twitter en la iglesia. Fue una experiencia que transformó mi vida para siempre.

En aquella época estuve investigando y no encontré ninguna iglesia que publicara contenidos por Twitter. El desafío era justamente aprender a utilizar este microblogging y lograr que los internautas de nuestro sitio de noticias siguieran las informaciones que subíamos. El Congreso se transmitiría en vivo, en video, desde el sitio y por el canal de televisión de la iglesia. La idea era llegar al mayor número de personas posible con el mensaje ministrado. En Brasil en aquella época Internet no era tan buena y no muchos lograban ver el video. Sin embargo, la transmisión del congreso por texto fue un éxito. La gente comenzó a seguir nuestras reuniones por medio de la red social, y rápidamente vimos que un gran número de tuiteros cristianos comenzaron a aparecer en ella. Entendimos que había una gran demanda de personas que no podían ver los cultos por video, pero sí leer el texto.

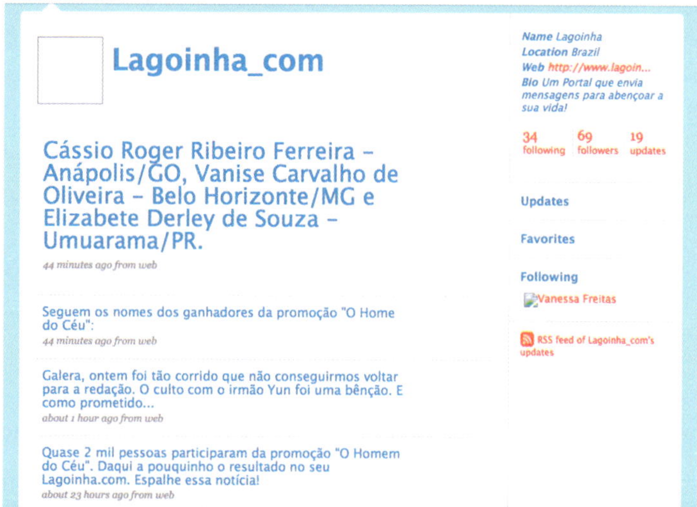

Captura de pantalla de @Lagoinha_com del día 04/04/2009 (del sitio archive.org), cuando el perfil tenía apenas 69 seguidores. En la actualidad tiene 239.000 seguidores.

Tuvimos el cuidado de poner en el Twitter los días y horarios de los cultos y eventos de la iglesia, como también versículos bíblicos, mensajes devocionales, y aún interactuar con los internautas. En la captura de pantalla de arriba se puede observar que en aquella época no se publicaban fotos vía Twitter sino solo en el sitio Twitpic (¿lo recuerdan?), y los re-twitts se hacían de forma manual.

De allí en adelante comencé a servir a mi iglesia local en este tipo de eventos y me especialicé en ello. Trabajé en distintos eventos, congresos, grabaciones de CD, DVD y demás.

Hoy en día existe una infinidad de posibilidades para realizar una cobertura on-line. Ya hablamos de algunas de ellas en los capítulos 5 y 6.

- Transmisiones por texto: Facebook (página), Twitter, blogs y sitios.
- Transmisiones en vivo (live) por video: Aunque ya hablamos del tema anteriormente, les recuerdo:
  - Facebook (página): los lives del Facebook son muy buenos y generan una gran interacción en la página. Es muy interesante cuando usted tiene un internauta que lo sigue y va respondiendo sus comentarios.
  - Periscope: Transmisiones en vivo que pueden llegar a las personas del mundo entero. El video lo pueden ver solo los seguidores y puede atraer a un público totalmente diverso. Los videos permanecen on-line solo por 24 horas y se los puede guardar en la galería de imágenes del teléfono celular. También es posible ver los comentarios en vivo de los internautas.
  - YouTube: Muy utilizado por las iglesias para transmisiones en vivo. La ventaja es que, cuando finaliza la transmisión, el video queda publicado en el canal de YouTube y puede generar ganancias para la iglesia/ministerio por medio de la monetización.
- Fotografías: Realizar la cobertura mediante fotografías y videos para Instagram. Debe tener cuidado de no exagerar con la cantidad de publicaciones. Sobre todo en los horarios de los cultos y eventos. El *stories* es un óptimo aliado para las transmisiones en vivo, ya que se puede utilizar la creatividad en la realización de fotografías, videos y montajes. El Instagram tiene una aplicación llamada Layout, mediante la cual usted puede editar hasta nueve fotos en un mismo montaje o edición. Seleccione los momentos más importantes de la reunión, escriba un texto coherente, en el que detalle un poco más el momento, y no canse a sus seguidores con publicaciones excesivas.

- Videos cortos: El Snapchat posibilita la producción de videos cortos que pueden dar una buena idea del backstage (detrás de escena) de los eventos. Tenga cuidado con las exageraciones y el humor en exceso, principalmente cuando se trata de una iglesia, ministerio o marca.
- Tema concluido: escriba un texto o resumen con los principales puntos abordados en la predicación, frases y referencias bíblicas para subir al sitio/blog/página de la iglesia.

Claro que para desarrollar este tipo de trabajo es importante estar entrenado y preparado para poder orientar al equipo. Sabemos que en las iglesias contamos con voluntarios. Es importante que ellos sepan cómo se utilizan las herramientas y cuál es el material que producirán. Y, sin dudas, aproveche la experiencia de ellos para ayudar a la iglesia o evento.

Les comparto un testimonio: Fue en una de esas transmisiones on-line cuando viví una de las experiencias más increíbles de mi vida. Estaba trabajando en la cobertura on-line de un ConfraJovem (conferencia anual de jóvenes de la Iglesia Bautista de Lagoinha). En esa época solo lo hacíamos por Twitter; por Facebook aún no se podía. Y estuve tuiteando durante todo el culto, siempre con el cuidado de escribir frases coherentes (después de todo, estamos limitados a frases de hasta 140 caracteres) que no generen una doble interpretación, contextualizándolas bien para jamás dejar expuesto al predicador. La idea de la cobertura on-line es dar un pantallazo general del mensaje ministrado en vivo en la iglesia. Generalmente, cuando llega el momento en que se invita a las personas a reconocer a Jesús como su Señor y Salvador acostumbro escribir la oración y pedir a quienes están leyendo el Twitter que la repitan en voz alta. Aquel día, cuando estaba finalizando la cobertura de la reunión, recibí mensajes de una joven que me agradecía por el servicio de la iglesia de publicar la predicación por escrito. Me contó que estaba viviendo en Australia y que no tenía forma de ver el mensaje por video, por eso lo seguía en aquel momento por esa red social. Había ido a ese país a estudiar medicina, y estaba apartada de los caminos del Señor. «Muchas gracias. Acabo de terminar de orar, ¡y he decidido volver a Jesús!» ¡Qué maravilla! Aquellas palabras tocaron mi corazón. Pensar que mientras yo trabajaba en la iglesia alguien del otro lado del mundo estaba leyendo lo que yo escribía, y se había entregado a Jesús. Realmente en aquel momento entendí 100% mi misión, y la importancia de hablar a las iglesias acerca del uso consciente de la Comunicación y la Social Media. Es un trabajo que se debe tomar con seriedad. No tenemos idea hasta dónde nuestras publicaciones pueden llegar. Aun cuando estemos en lo acogedor de nuestro hogar, durmiendo o descansando, alguien en alguna parte del mundo puede estar leyendo lo que publicamos. ¡Es increíble!

La cobertura on-line de los cultos y eventos de las iglesias no es algo tan común. Pero es posible realizarlo. Ya sea por escrito, o mediante fotografías o videos. Ya hablamos del tema anteriormente. Pero lo bueno es que usted lo puede realizar desde su mismo smpartphone: lo conecta y ya estará transmitiendo la reunión, culto o evento en vivo por video. ¿Por qué no intentarlo? Existen muy buenos tutoriales en Internet que enseñan el paso a paso de las transmisiones en vivo por YouTube, Facebook o Periscope, ya sea utilizando un teléfono celular o una computadora.

Una de las preguntas que más escucho cuando me invitan a hablar en los eventos a los que voy es: ¿Cómo puedo hacer para armar un equipo de Comunicación en mi iglesia? Hay una publicación en mi blog que habla acerca de eso: http://bit.ly/voluntarioscomunicacao

Algunos puntos a considerar:

- Invite a los miembros de su iglesia a formar parte del equipo de Comunicación.
- Alinee la visión de los voluntarios y colaboradores con la del liderazgo.

- Identifique los talentos y la experiencia de cada uno.
- Hable al equipo acerca de la importancia de servir al Señor con excelencia. Como dice en Colosenses 3:23: «Todo lo que hagan, háganlo de buena gana, como si estuvieran sirviendo al Señor Jesucristo y no a la gente».

Hoy veo mucha gente que realiza «coberturas» de eventos a través de la Social Media, pero en realidad no pasan de ser acciones aisladas y sin conexión entre ellas. He visto «profesionales» decir que realizaron la «transmisión» del evento solo por haber publicado alrededor de 20 fotos del mismo. Hay mucho por explorar. Con la cantidad de personas que integran su equipo, intente hacer lo mejor.

Le dejo algunas sugerencias como si usted fuese a realizar la cobertura de un congreso:

#SugerenciasDeElis: 9 sugerencias para realizar una buena cobertura on-line:

1. Realice la planificación de la cobertura on-line del evento. ¿Qué tipo de mensaje deseo transmitir? ¿Cuál es el tema del congreso? ¿Quiénes son los principales oradores y grupos musicales? ¿Qué plataformas digitales pretendo utilizar (o cuáles *off-line* para promocionarlo)? ¿Twitter, Instagram (e Instagram Stories), Facebook, Snapchat, sitio, blog? ¿Transmitiré en vivo por YouTube o por Facebook Live? ¿Cuál es la programación del evento? ¿Se realizarán entrevistas antes del evento para el sitio/blog? Cree el hashtag del evento. Determine la magnitud del equipo (sean voluntarios o no). Tenga en claro cuáles son las funciones de cada miembro; sepa quién hace qué. P.D: Recuerde tener la autorización por escrito del uso de la imagen de los predicadores y/o cantantes. En el Brasil nos basamos en una ley que resguarda el trabajo voluntario en las iglesias, pero es importante corroborar la legislación de su ciudad, estado y país.

2. Alinee la identidad visual de todas las plataformas digitales con el evento. Eso significa que luego del evento el diseño utilizado debe ser la cara visible en todas sus redes sociales y el sitio, tanto en la preparación del evento, en el evento en sí y por lo menos hasta unos tres días luego de terminado el mismo.
3. Realice un *release* del evento y ofrézcalo a la prensa. Aunque usted no haga la acreditación de la prensa que cubrirá el congreso es importante que escriba un *release* con las principales informaciones del evento + las fotografías + el diseño con la identidad visual, y lo envíe a la prensa de su ciudad o región. Sin mencionar que en cualquier momento puede necesitar un escrito sobre el congreso, con las charlas de los organizadores y oradores (entre comillas), por lo cual será de gran valor tenerlo listo y a mano.
4. ¿Cuál es la línea editorial de la cobertura? Participo de un grupo de Facebook que se llama «Social Media en la iglesia». Recientemente tuvimos un debate acerca del matiz que se le debe dar a las coberturas on-line de los eventos. ¿El discurso debe ser coloquial, jovial, relajado o con un tono más institucional? Como periodista creo que los textos para las iglesias y eventos deben estar en 3ª persona, pues deja la interpretación de la información al criterio de cada internauta. El uso de las comillas y verbos *dicendi* enriquecerán la cobertura. Pero si la cobertura la realiza una persona directamente desde sus plataformas sí debe estar en 1ª persona.
5. ¿Cómo seleccionar desde qué plataforma/s digital/es se hará la cobertura on-line? Acostumbro a decir que si la iglesia tiene un sitio o blog, uno de ellos debe estar involucrado en la cobertura, o sea, ser la base de esta. Allí yo coloco el texto que llamo «resumen» de cada módulo del evento. Puede ser un tema periodístico con la estructura de Lead o un texto de corrido. Y no se olvide de colocar los hashtags (temas) para

que su publicación sea encontrada por los buscadores como Google. Acerca de qué redes utilizar para subir las publicaciones, es necesario tener un conocimiento previo de dónde se encuentra su mayor audiencia. Si la mayor parte de sus seguidores activos están en el Instagram y el Facebook no tiene porqué publicar en el Twitter. Si el evento está más dirigido a los adolescentes, por ejemplo, es bueno testear antes cómo es la audiencia del Snapchat y del Instagram Stories.

6. Seleccione a los integrantes de su equipo. Confirme si están todos capacitados para ejercer la función que les fue especificada. Muchos se ofrecen para hacer actividades sin tener demasiada experiencia, pero una buena supervisión puede ayudar a que se obtengan buenos resultados. Antes del evento intente que el equipo esté integrado de alguna manera. Una de las herramientas que me gusta mucho es el Trello. Con ella usted podrá estructurar todas las tareas, orientarlas y mantener al equipo informado. Por más que el WhatsApp lo utilice mucha gente, la mayoría no soporta estar en más de un «grupo». Use el WhatsApp solo para mensajes urgentes.
   Un ejemplo práctico de una estructura profesional:
   » **Personaje A:** Twitter: Debe estar a cargo de las publicaciones escritas en los paso a paso. Debe ser una persona que domine bien la lengua española, y que pueda construir frases claras y concisas sin generar ningún tipo de confusión.
   » **Personaje B:** Instagram: Se debe dedicar a publicar las fotografías que toma el fotógrafo oficial del evento y algunas del backstage. Debe tener cuidado de no «pecar» de excesos. Que publique las fotografías de los momentos principales con frases bien descriptivas. Si hay muchos registros buenos vale la pena crear un álbum en el Instagram con las mejores fotografías al final del módulo.

- **Personaje C:** Instagram Stories: Con un perfil más despojado y atento, quien administre esta función debe tener la misma rapidez y dinámica de quien administra un perfil de Snapchat. Solo videítos no calman la ansiedad de quien está a cargo. Que utilice toda la creatividad que la herramienta le ofrece.
- **Personaje D:** Sitio/blog: Será la persona responsable de hacer la nota periodística o el texto que resuma aquel módulo (momento). Al término de cada módulo el texto debe estar publicado en el sitio/blog. Es muy importante mantener el sitio actualizado pues quien busca información acerca de ese evento en Google probablemente la encontrará. Sería mejor aún que tenga un buen resumen escrito de cada módulo del congreso que se pueda leer.
- **Personaje E:** Facebook: Como esta red no entrega los contenidos en vivo con tanta eficiencia, puede servir como base para publicar los álbumes de fotos del evento.
- **Personaje F:** YouTube o Facebook Live: Hay personas que se especializan en utilizar esta herramienta, pero nada impide que usted aprenda, ya que es muy fácil realizar transmisiones en vivo. Existen varios tutoriales que enseñan acerca del tema en YouTube.
- **Personaje G:** Editor. Generalmente esta función la asume quien coordina el equipo. Lo ideal es que supervise todas las publicaciones a fin de tener tiempo de corregir alguna equivocación que se produzca durante la cobertura. Lo que más se suelen ver son «coberturas» descuidadas con errores de ortografía, con los nombres de los oradores o bandas musicales mal escritos, o con referencias bíblicas cambiadas. El editor será el responsable de estar atento y guiar al equipo durante todo el evento.

7. Guíe adecuadamente al equipo de fotógrafos. Es muy importante que los voluntarios que forman el equipo de fotógrafos

estén bien preparados el día del evento. Puede parecer «tonto», pero es importante recordar que el fotógrafo debe estar vestido de negro y que al «llevar a cabo su tarea» debe hacer lo posible por no ser percibido en el ambiente. Creo que los mejores fotógrafos parecen ninjas; no se los ve pero vienen con las mejores fotografías. No existe peor cosa, tanto para quien está en el evento como para el que lo sigue por Internet, que ver al fotógrafo cruzándose todo el tiempo frente a los camarógrafos.

8. Tenga cuidado con los errores en el texto. Uno de los objetivos de tener un equipo para realizar una cobertura on-line es contar con algunas personas que estén al lado del coordinador, que se dediquen a responder las dudas de los que escriben, y aún si fuera necesario consultar en el Google. La idea es no publicar ningún tipo de información, nombre o palabra con errores. Cierta vez vi en la «cobertura» de una iglesia que habían escrito «Jénesis» en lugar de Génesis. Por eso, ante la menor duda no lo publique. Y siempre **revise**.
9. Lea y escuche al público. Siga los comentarios que la gente hace acerca del evento en las redes sociales, blog o sitio. Es muy importante darse cuenta si están comprendiendo bien el discurso, a fin de poder realizar los ajustes necesarios. Si tiene bastantes personas en el equipo, responda las preguntas que le realizan en tiempo real. La gente ama seguir las coberturas on-line y «conversar» acerca de ellas. Es eso lo que mueve Internet: la **interacción**.

Capítulo 8

Herramientas

«Aprenda a simplificar. Complicarse por demás puede entorpecer cualquier proyecto» (Elis Amancio).

«Esfuérzate por presentarte a Dios aprobado, como obrero que no tiene de qué avergonzarse y que interpreta rectamente la palabra de verdad» (2 Timoteo 2:15, NVI).

El objetivo de este capítulo es señalar algunas de las herramientas que lo ayudarán a optimizar la presencia digital y la tarea de comunicación en las iglesias y ministerios. Testee e identifique las que más se adecuen a su trabajo. No detallaré cada una de ellas sino presentaré una lista de posibilidades para que usted pueda leer y explorar un poco más.

Cierta vez escuché a Gil Giardelli decir que no somos «herramentistas» sino estrategas. Y tiene toda la razón. Muchas veces estamos tan preocupados por automatizar los procesos y vivir tras la búsqueda «de la herramienta perfecta» que perdemos un tiempo precioso en actividades que se hubieran resuelto con herramientas simples.

Como consultora de Social Media, trabajo casi a diario con las siguientes herramientas, más o menos en este orden:

- Google.
- mLabs (programación y gerenciamiento de redes sociales).
- Biblia On-line YouVersion (la considero la herramienta más importante de todas, ya que todo lo que hacemos está pautado allí).
- Trello.
- Calendario integrado por Google/Apple.
- Agenda manual (confieso que en este último año cedí más al uso del Trello).
- Canvas (creación de diseños, banners, tarjetas digitales, presentaciones, propuestas on-line).
- Pixabay y Unsplash (fotografías y diseños gratuitos on-line).
- MailChimp (sirve para el envío de e-mail marketing).
- Bitly (servicio de reducción de link que mide los clics).
- WhatsApp.
- E-mail.

Bien, logré compartirle las 12 herramientas diferentes con las que trabajo a diario. Solo mLabs me ahorra el uso del Analytics de otras cuatro plataformas (Google Analytics, Facebook, Instagram y Twitter).

Es lógico que a lo largo del camino precisemos herramientas para otras actividades. Seguidamente intentaré nombrar algunas de ellas para que usted realice una investigación, evalúe y vea cuáles le resultan mejor.

CURSOS ON-LINE GRATUITOS

- Curso de tipiado (gratuito): http://bit.ly/2oZwb31
- Escuela de Creadores de Contenido en YouTube (gratuito): http://bit.ly/2qxfCN5
- Diversos cursos on-line gratuitos sobre producción de videos.
- Facebook Blueprint (gratuito): http://bit.ly/2msOqwt
- Diversos cursos del proprio Facebook.
- Google Analytics (gratuito): http://bit.ly/2oRbKtT Entrenamiento y soporte.
- Google Partners: http://bit.ly/2pzdoh0
- Cursos de perfeccionamiento en Google Acquisition Academy.
- Hub Spot (gratis): http://bit.ly/20N8rvW
- Certificación en Inbound Marketing.
- Programa Nanodegreee desarrollado por Google | Facebook | Hubspot en la plataforma Udacity (Curso pago).
- Marketing Digital (gratis): http://bit.ly/2pQyURa
- Varios cursos gratuitos.
- Marketing Digital: curso básico (gratis).
- Primera aplicación para Smartphones del Google, gratuito. Solo hay que bajarlo.
- Twitter Flight School (gratis): http://bit.ly/2oZvcju
- Curso de perfeccionamiento en el uso del Twitter.

CONSEJOS ACERCA DEL USO DE LAS HERRAMIENTAS

Compartir archivos on-line

- Dropbox: https://www.dropbox.com
- Google Drive: https://www.google.com/drive
- Mega: https://mega.nz/

- WeTransfer: https://wetransfer.com/
- iCloud (Apple)

Diversos cursos

- Alexa: http://www.alexa.com. Con esta herramienta usted podrá ver el número de vistas de diversos sitios, e inclusive compararlos. Anteriormente era un servicio gratuito. Ahora pertenece a Amazon. Y ofrece una prueba gratuita por 7 días, luego de la cual la herramienta comienza a tener un costo.
- BackTweets: http://backtweets.com. Encuentre Tweets antiguos haciendo búsquedas en este sitio de forma gratuita.
- Bitly: https://bitly.com. Utilizo el reductor del link Bitly hace mucho tiempo. Usando la herramienta logueada usted conseguirá obtener la información esencial que tiene un Social Media Manager, como por ejemplo: qué redes sociales son más visitadas, de qué ciudades o países son las personas y otras informaciones, como desde qué navegadores accedieron más al link.
- Canva: https://www.canva.com. Crea los más diversos tipos de diseños para redes sociales, presentaciones, invitaciones, etc. Tiene modelos listos y también se pueden desarrollar proyectos autorales. Es el mejor sitio para aquellos que no cuentan con un diseñador. La versión del sitio es infinitamente mejor que la de la aplicación (en serio, ¡no use la APP!).
- Cyfe: http://www.cyfe.com. Es una herramienta de monitoreo que centraliza los indicadores de marketing de una marca. Posee algunos diferenciales, tales como: permitir a un monitor que acompañe en tiempo real el desempeño de la marca en el medio digital. Puede ser gratuita o paga.
- Crowd: https://www.crowd.br.com. Herramienta para contratar *freelancers*.

- Cur.to: http://cur.to. Herramienta para rastrear todo lo que se está publicando en un hashtag específico.
- Diccionarios en otros idiomas: Nada mejor que utilizar un diccionario on-line que lo salvará de pasar vergüenza por publicar textos con errores de ortografía en otros idiomas.
- Facebook: pruebe su diseño entrando en: http://bit.ly/2qxlOUm. Allí usted podrá analizar si su diseño se adecua a los parámetros del Facebook anuncios. O sea, le indicará si tiene texto en exceso o si es correcto. Sabemos que el Facebook quitó la regla de 20% de texto en los diseños. Antes ni siquiera difundía anuncios así. Pero sabemos que cuánto más texto tenga el diseño menos las personas le prestarán atención. Entonces si tiene dudas acerca de si su diseño es adecuado le será de gran ayuda chequearlo entrando a este link.
- Fanpage Karma: http://www.fanpagekarma.com. Es un sitio que ofrece datos acerca de las páginas más concurridas del Facebook.
- Fast: https://fast.com. Es una herramienta gratuita de Netflix que indica cuál es la velocidad real de su conexión en Internet en ese momento.
- Giphy: https://giphy.com. Es uno de los sitios creadores de lo GIFs más conocidos.
- Goo.gl: https://goo.gl. Semejante al Bitly, es también una herramienta para reducir links que ofrece datos de los clics y los accesos cuando se lo utiliza logueado.
- Google Alertas: https://www.google.com/alerts. Con esta herramienta usted podrá programar y monitorear palabras clave, y recibir por e-mail todo lo que se publique en Internet con dicho término.
- Google Formularios: https://www.google.com/forms. Sirve para crear y administrar formularios con facilidad de forma gratuita en Google.

- Google Trends: https://trends.google.com/trends. Esta herramienta permite que usted realice una búsqueda por palabras clave y nombre, inclusive haciendo una comparación entre diferentes términos. El Trends es una herramienta óptima, por ejemplo cuando desea buscar palabras para crear el título de una publicación para su sitio o blog. También para saber si algo es tendencia, teniendo en cuenta las búsquedas en Google en ese momento.
- Kornerz: http://www.kornerz.com. Herramienta para contratar o dar de alta en un sitio a *influencers* digitales.
- Leetags: https://leetags.com. Es una herramienta que lo ayudará a escoger hashtags para sus publicaciones. Y, además del sitio, existe una aplicación gratuita para realizar búsquedas de palabras clave. Le mostrará las principales publicaciones relacionadas de las últimas 48 horas.
- Navegg: http://www.navegg.com. Herramienta que realiza el monitoreo de sitios y una cobertura de servicios. Puede ser gratuita o paga.
- SEMRush: https://es.semrush.com. Esta herramienta ofrece el número de accesos a cualquier sitio. Puede ser gratuita o paga.
- SimilarWeb: https://www.similarweb.com. Este sitio ofrece datos acerca de los accesos a cualquier dominio.
- SmallPDF: http://bit.ly/2nakKWm. Convierte una infinidad de archivos on-line de pdf a doc, de doc a pdf, de jpg a pdf, de excel a pdf, entre otros. Puede ser gratuita o paga.
- SpeedMarket: http://www.speedmarket.com.br. Servicio que ofrece el envío de mensajes masivos por WhatsApp y SMS Marketing, entre otros. Es pago.
- Social Mention: http://socialmention.com. Herramienta que mapea las publicaciones de ese momento referidas a un determinado hashtag. Es óptima para saber qué se está diciendo acerca de un evento en vivo, por ejemplo.

- SoundCloud: https://soundcloud.com. Es una plataforma on-line para la publicación de audios. Hay muchos podcasts disponibles allí. Puede ser gratuita o paga.
- Tagboard: https://tagboard.com. Es una óptima herramienta para mapear hashtags por temas. En ella usted encontrará otros tags que estén dados de alta en el segmento. Solo debe investigar.
- TinEye: https://www.tineye.com. Descubra quién es el autor de una fotografía.
- Think Whit Google: https://testmysite.thinkwithgoogle.com. Pruebe la eficiencia de su sitio en aparatos móviles de forma gratuita.
- Typform: https://www.typeform.com. Cree formularios on-line.
- Vulpi: http://www.vulpi.com.br. Herramienta para contratar desarrolladores.
- WayBack Machine: https://archive.org/web. Este sitio puede recuperar (mediante captura de pantalla) páginas web desde el inicio de Internet, algunas publicadas hace días, otras hace meses y otras hace años. Es difícil que exista un sitio que no se logre encontrar en esta búsqueda. Aún es posible ver cómo era determinado sitio diez años atrás.
- We Do Logos: http://www.wedologos.com.br. Comunidad que crea logo/marcas, generalmente con un costo inferior al de las agencias.

E-mail marketing

- Benchmark: https://www.benchmarkemail.com. Es una herramienta muy completa para el envío de e-mail marketing. Ofrece una gran diversidad de funcionalidades. Puede ser gratuita (hasta 2 mil contactos, y envía hasta 14 mil e-mails gratuitos por mes) o paga.

- E-goi: https://www.e-goi.com. Es una herramienta para el envío de e-mail marketing. Puede ser gratuita (hasta 5 mil contactos, y envía e-mails gratuitos de forma ilimitada) o paga.
- EmailManager: https://www.emailmanager.com. Herramienta para el envío de e-mails. Es paga.
- MailChimp: https://mailchimp.com. Es uno de los servicios de envío de e-mails más conocido del mundo. Se integra a otras diversas herramientas. Puede ser gratuita (hasta 2 mil contactos, y envía hasta 12 mil e-mails gratuitos por mes) o paga.
- Postcron: https://postcron.com. Herramienta que, además de agendar para Facebook, Twitter y Google +, envía hasta mil e-mails gratuitos por mes. Puede ser gratuita o paga.

Fotografía on-line y gratuita

Convengamos que uno de los temas más difíciles para el que recién comienza es encontrar fotografías de buena resolución para utilizar en sus publicaciones, ¿no es cierto? Sin mencionar el tema de los derechos de autor. Utilice solo fotografías que no tengan derecho de autor o que esté permitido su uso. Tengo una publicación en mi blog que habla acerca de eso, por si tiene alguna duda: http://bit.ly/1TQq8HT

Algunos sitios con fotografías para bajar de forma gratuita:

- FreeImages: http://bit.ly/1XZwxo3
- Pixabay: http://bit.ly/2mjdh6e
- Unsplash: http://bit.ly/2qrdalF

Gestión de redes sociales

- agoraPulse: https://www.agorapulse.com. Es una herramienta para la gestión, planificación, monitoreo e inclusive SAC

2.0, con foco en agencias y demandas mayores. Posee una versión en español. Es paga.

- Buffer App: https://buffer.com. Es una herramienta para la planificación y gestión de redes sociales que, además de tener un sitio, tiene una extensión para Google Chrome y una aplicación para Smartphone. Si usted está leyendo una noticia en su computadora rápidamente puede cliquear en el link del Buffer, y este lo agendará en «carpetas». Puede dejar pre-establecidos los horarios en cada una de sus redes sociales, y cada nuevo «buffer» entrará en la carpeta de horarios. Es muy interesante. Puede ser gratuita o paga.
- Hootsuite: https://hootsuite.com. Es una de las herramientas de gestión y monitoreo de las redes sociales más conocida del mundo. Dos puntos que considero malos de esta herramienta son: el hecho de que no tiene integración automática con el Instagram. Usted lo agenda a través de la herramienta y a la hora de hacer una publicación esta le envía una notificación a su celular «recordándole» que debe hacerla. Y también los valores. Puede ser gratuita o paga.
- Mlabs: https://www.mlabs.com.br. Es la herramienta que más uso para agendar, monitorear y generar informes en las redes sociales. A través de ella puedo agendar automáticamente en el Instagram e Instagram Stories, además de monitorear el inbox del Facebook y del Instagram. Sin mencionar el workflow, herramienta mediante la cual usted puede crear una publicación y dar acceso a la persona que debe aprobarla. Si esta la aprueba, lo agenda automáticamente, y sino le puede enviar la solicitud de cambio dentro de la misma herramienta. De tanto usarla, terminé convirtiéndome en una socia de la red. Si usted la quiere probar de forma gratuita durante 30 días, entre al sitio y utilice mi código promocional MLABSAMANCIO. Es una herramienta brasileña y tiene el soporte en portugués. Otro detalle

importante es el precio. De las herramientas que coticé es la de mayor valor en el mercado. Puede ser gratuita o paga.

- Postgrain (antiguo Instamizer): https://postgrain.com. Herramienta que agenda publicaciones para el Instagram. Puede ser gratuita o paga.
- Seekr: https://seekr.com.br. Herramienta para la gestión de redes sociales cuyo foco es la relación con el consumidor. Puede ser gratuita o paga.
- Social Rank: https://socialrank.com. Con esta herramienta usted puede saber cuáles son las personas más influyentes en su red, tanto las que usted sigue como las que lo siguen a usted. Esta información es muy importante porque puede servir como punto de partida para una empresa y para dar informaciones en conjunto mediante acciones estratégicas. El Social Rank hace ese monitoreo de forma gratuita en Instagram y Twitter. Puede ser gratuita o paga.

Grabación de videos / transmisión en vivo

- Eventials.
- Facebook Live.
- Instagram.
- OBS Project: software para la transmisión en vivo.
- YouTube Capture: una aplicación.
- YouTube Director for business: crea anuncios para el YT mediante una aplicación.
- YouTube Creator Studio: gerenciamiento del canal de YouTube.

Productividad

- Evernote: https://evernote.com. Es una aplicación relacionada con la productividad y tiene infinidad de funciones.

- G Suite: https://gsuite.google.com. Paquete de herramientas de Google para diversos tipos de gestión.
- Mindmeister: https://www.mindmeister.com. Produce mapas mentales on-line y puede ayudar ampliamente en la creación y organización de la institución.
- Moovia: https://site.moovia.com. Plataforma para gestión de proyectos.
- Project Builder: https://www.projectbuilder.com.br. Software para gestión de proyectos.
- RescueTime: https://www.rescuetime.com. Monitorea el tiempo gastado en accesos, emitiendo alertas y mejorando la productividad.
- Slack: https://slack.com. El Slack es una herramienta para la gestión de trabajo en equipo. Es una startup de 2014 que viene ganando bastante credibilidad. Fue utilizada hasta por la NASA.
- Trello: https://trello.com. Es mi preferido. Es un organizador on-line que puede ser compartido para la gestión de tareas, tanto personales como en equipo. **Tengo un cuadro que puede servir como modelo para quienes quieran hacer una copia, entrando a: http://bit.ly/quadroelis**.
- Wunderlist: https://wunderlist.com. Es una lista y organizador de tareas.

Capítulo 9

Consejos breves de Elis. De todo un poco

«Lo urgente obstaculiza lo importante»
(Elis Amâncio).

«Todo lo que hagan, háganlo de buena gana, como si estuvieran sirviendo al Señor Jesucristo y no a la gente» (Colosenses 3:23).

¿Estaba al tanto de que en solo 1 minuto se ven por Internet 4,3 millones de videos en YouTube, y se publican 46.200 fotos en Instagram? En los gráficos de abajo usted puede ver tres imágenes difundidas por Lori Lewis. En ellas se puede observar lo que sucede en 1 minuto en Internet en las diversas plataformas digitales. Observe el cambio de comportamiento desde el 2016 al 2019. ¡Impresionante!

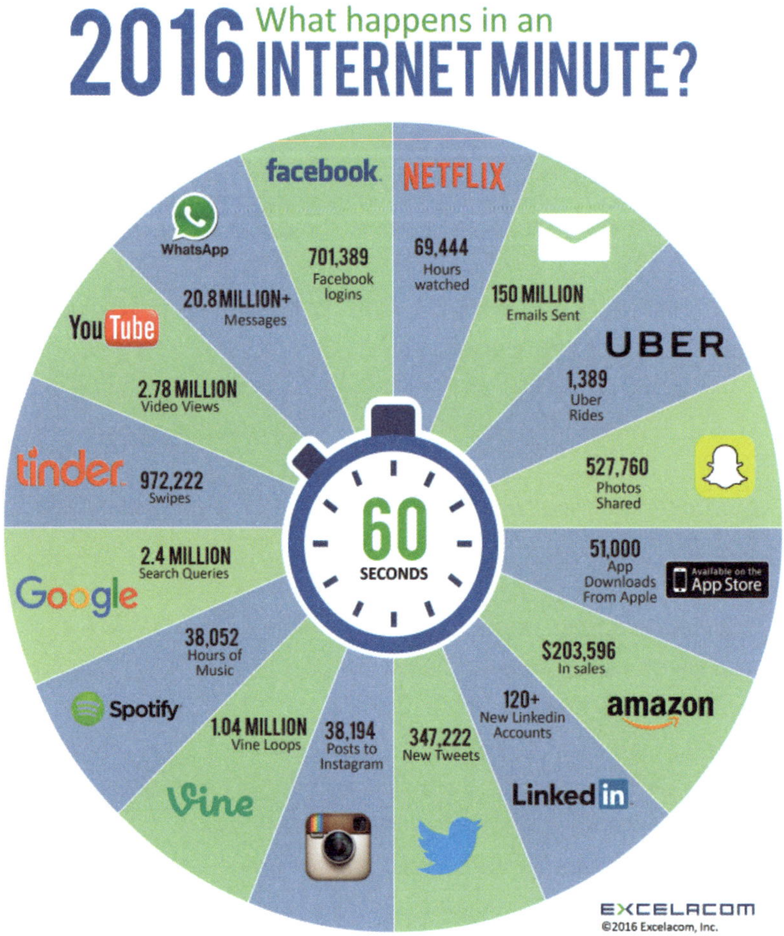
2016 What happens in an INTERNET MINUTE?
facebook
701,389 Facebook logins
NETFLIX
69,444 Hours watched
150 MILLION Emails Sent
UBER
1,389 Uber Rides
527,760 Photos Shared
51,000 App Downloads From Apple
Available on the App Store
$203,596 In sales
amazon
120+ New Linkedin Accounts
LinkedIn
347,222 New Tweets
38,194 Posts to Instagram
1.04 MILLION Vine Loops
Vine
38,052 Hours of Music
Spotify
2.4 MILLION Search Queries
Google
tinder
972,222 Swipes
2.78 MILLION Video Views
YouTube
WhatsApp
20.8 MILLION+ Messages
60 SECONDS
EXCELACOM
©2016 Excelacom, Inc.

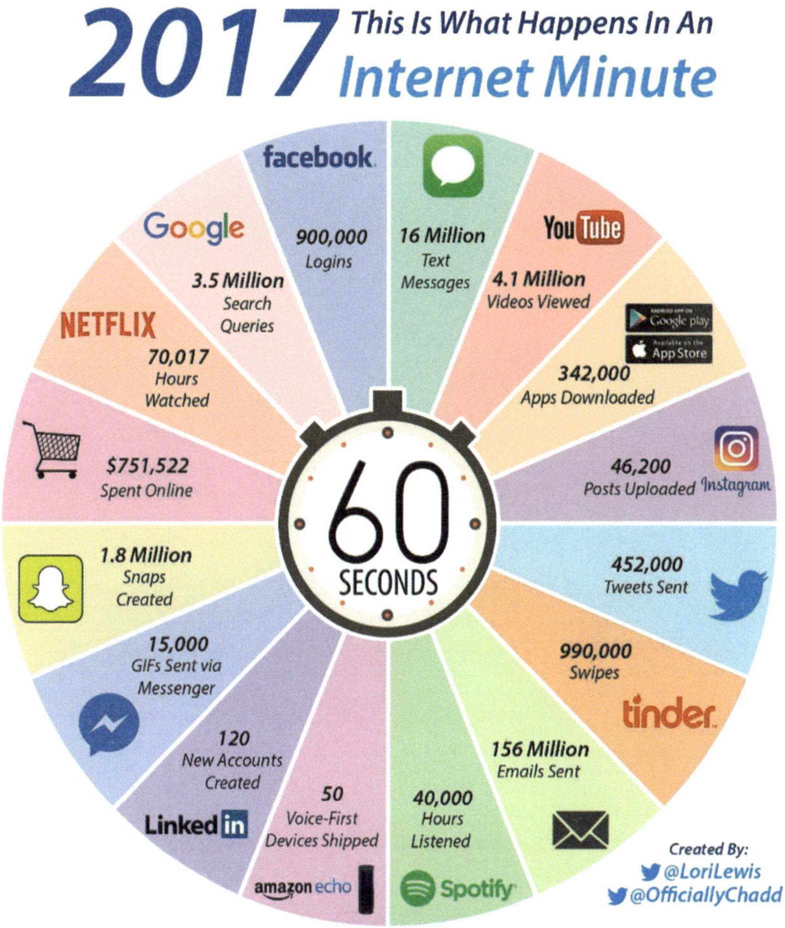

2017 This Is What Happens In An Internet Minute
facebook
900,000 Logins
16 Million Text Messages
YouTube
4.1 Million Videos Viewed
Google play
App Store
342,000 Apps Downloaded
46,200 Posts Uploaded
Instagram
452,000 Tweets Sent
990,000 Swipes
tinder
156 Million Emails Sent
40,000 Hours Listened
Spotify
50 Voice-First Devices Shipped
amazon echo
120 New Accounts Created
LinkedIn
15,000 GIFs Sent via Messenger
1.8 Million Snaps Created
$751,522 Spent Online
NETFLIX
70,017 Hours Watched
Google
3.5 Million Search Queries
60 SECONDS
Created By:
@LoriLewis
@OfficiallyChadd

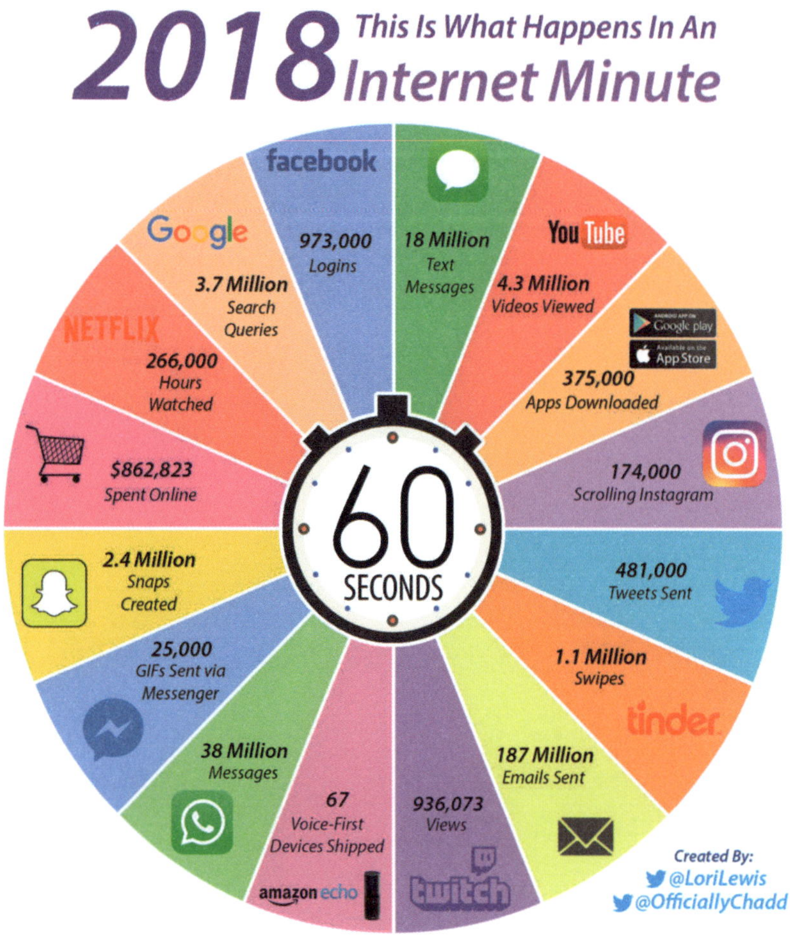
2018 This Is What Happens In An Internet Minute
facebook
973,000 Logins
18 Million Text Messages
YouTube
4.3 Million Videos Viewed
Google play
App Store
375,000 Apps Downloaded
174,000 Scrolling Instagram
481,000 Tweets Sent
1.1 Million Swipes
tinder
187 Million Emails Sent
936,073 Views
twitch
67 Voice-First Devices Shipped
amazon echo
38 Million Messages
25,000 GIFs Sent via Messenger
2.4 Million Snaps Created
$862,823 Spent Online
NETFLIX
266,000 Hours Watched
Google
3.7 Million Search Queries
60 SECONDS
Created By:
@LoriLewis
@OfficiallyChadd

Algunos breves consejos que lo podrán ayudar:

FACEBOOK

Programación de publicaciones:

Separe un día a la semana para programar sus publicaciones, por lo menos de los próximos siete días. Recuerde que es posible programar gratuitamente en la propia versión web del Facebook o a través de la aplicación Páginas.

Gráficos del Facebook:

Es casi imposible obtener buenos resultados de sus páginas del Facebook sin realizar un análisis detallado de los gráficos ofrecidos por la red social. En la parte superior de la página puede cliquear para encontrar información. Allí encontrará 10 variaciones de datos de la página; desde una visión general de los «likes» y «dislikes», el alcance de las publicaciones, hasta las interacciones por mensajes privados.

El análisis detallado de sus publicaciones, la repercusión y la interacción en ellas le indicará si sus acciones están siendo eficientes o no. Otro tema interesante es saber quiénes constituyen su público y en qué horarios se encuentran on-line. Use y abuse de esa información para mejorar sus estrategias de contenido digital.

PÚBLICO

¿Quiénes componen su público? ¿Usted sabe con quiénes se comunica o se quiere comunicar? Toda estrategia de Comunicación nace a partir de su posible cliente/público.

GOOGLE

Investigue acerca de su marca en el Google. ¿Qué encuentran las personas en el mayor buscador del mundo cuando realizan una búsqueda acerca de usted, su iglesia o su marca? Eso lo puede orientar en las acciones que realizará posteriormente.

¿DE QUÉ VOY A HABLAR?

Ya nos referimos a este tema. Pero vale la pena reiterarlo. Cree una lista de pautas/temas. O sea, seleccione el tema del cual hablarán sus redes sociales. Y, por supuesto, que tenga que ver con su marca. Eso lo ayudará a la hora de hacer la planificación y elaborar las publicaciones.

PLANIFIQUE

Creo que este es el tema del cual más hablo en el libro. La planificación es esencial para guiar cualquier estrategia. Arme una planificación. Seleccione las plataformas digitales en las que se encuentra su público. Establezca planes, plazos y metas.

Ejemplo de planificación:

1º mes: Facebook – fortalecimiento de la plataforma mediante publicaciones de textos, frases, videos, audios, consejos, etc.

2º mes: Facebook + Instagram: Invierta en la producción de contenido para cada una de estas plataformas. Considere las características de cada una. No replique contenidos idénticos. Explore qué es lo mejor de cada red.

3º mes: Facebook + Instagram + YouTube: ¿Cómo están resultando las publicaciones en el Facebook y el Instagram? Si el resultado es bueno es el momento de abrir un canal en YouTube, presentando informaciones relevantes a su segmento de mercado.

Este es un modelo simple de cómo hacer una planificación. Pero es solo para que usted vea que es posible hacerlo aun si no cuenta con material técnico ni humano para actualizar muchas redes al mismo tiempo. Algunas veces vale la pena planificar la implementación de cada red social con plazos y metas más espaciados, como mencionamos arriba.

REALICE UN MONITOREO

Esté al tanto de la repercusión de sus publicaciones, ya sea mediante los «likes», comentarios o si se compartió muchas veces. Jamás deje a su público sin respuesta, principalmente si trabaja con presentación de servicios y ventas. Muchos de los mejores insights para la producción de buenos contenidos vienen de lo que los internautas comentan o preguntan. Utilice la interacción y las dudas de ellos a favor de su ministerio/iglesia.

HASHTAGS

Es una palabra clave o un conjunto de palabras clave, precedidas del símbolo hashtag (#). Los hashtags identifican el tema o asunto de una publicación en Internet y facilitan que encontremos lo que otras personas publicaron acerca del mismo tema. Los hashtags se volvieron populares en el medio digital a través del Twitter. Sin embargo, redes como Instagram, Pinterest, Google+ y Tumblr también hacen uso de este símbolo.

Es importante que entendamos que en el Facebook, a pesar de tener los hashtags habilitados para su uso, solo le aparecerán —al hacer clic en ellos— aquellos temas que fueron publicados por sus amigos. Otro punto, que no está comprobado pero sí observado por profesionales de la Social Media, es que cuando no se usan hashtags en las publicaciones el alcance es mayor. Siempre sugiero a las personas que prueben sus publicaciones con y sin tags para comparar los resultados en el área de gráficos (en Informaciones) de la página.

Algo que me asombra de las redes sociales es el mal uso que se hace de los hashtags. #Hay #personas #que #escriben #así #y #creen #que #están #escribiendo #bien. Da la sensación de que algo está mal al leer una frase así, ¿no? ¿Cree que se puede hablar de la eficiencia de una persona que se comunica colocando hashtags en todo? El Instagram, por ejemplo, permite el uso de hasta 30 hashtags por publicación. Sin embargo, leí un estudio reciente que decía que las publicaciones que obtienen los mejores resultados generalmente utilizan 11 hashtag (vía Viver de Blog). Y convengamos que igualmente 11 son muchos.

Lo ideal es que los tags estén relacionados con la publicación. Cuando usted utiliza los hashtags no se trata solo de palabras, sino de palabras que tengan sentido para dicha publicación. Acostumbro publicar muchas sugerencias en el Instagram acerca del uso y práctica de las redes sociales.

Los hashtags que más utilizo son: #ConsejosDeElis #SocialMedia #RedesSociales #MediosDeComunicacionSocial #SocialMediaMarketing #mktDeContenido. Cuando quiero detallar algo más de la publicación lo especifico aún más: #metricas #monitoreo #graficos #contenido #ContentMarketing y así. Tómese un tiempito para investigar los hashtags utilizados en el segmento en el que usted actúa. El sitio tagboard.com (que ya fue mencionado) y la aplicación Leetags son excelentes para realizar búsquedas y encontrar otros tags relacionados.

MANUAL DE COMUNICACIÓN

Los grandes medios de comunicación poseen un Manual de Redacción y Estilo. Recuerdo que en mis tiempos de facultad me apasionaban esos manuales. Tienen indicaciones gramaticales de lo que está correcto e incorrecto, sugerencias y sustituciones en el uso de algunas expresiones, y muchos otros consejos importantes para aquel que produce contenido, ya sea para el cronista, el productor, el fotógrafo, el camarógrafo o para todo el equipo. Es el material que orienta a quienes recién se incorporan a la redacción y a quienes ya están pero les surgen dudas a diario. Los manuales más famosos en el período en el que cursé periodismo eran el *«Manual da Folha e do O Estado de S. Paulo»* [Manual de la Hoja y del Estado de San Pablo]. Este aquí en Brasil. Seguramente los medios de comunicación de su país tendrán otros semejantes. No sé si aún lo siguen siendo, pero para mí son grandes referentes para mi trabajo.

Como periodista, siempre soñé con poder ayudar en la redacción de un Manual de Comunicación para las iglesias. No se trata de crear una guía de reglas de lo que está bien y lo que está mal, sino que pueda ser un instrumento de ayuda para aquellos que están comenzando. La idea es que sirva de guía a las iglesias y ministerios que están armando este sector o buscando mejorar las acciones de la institución.

En cierto evento al que concurrí me regalaron el *«Manual de Comunicaçao da Bola de Neve Church»* [Manual de Comunicación de la Iglesia Bola de Nieve], que tiene un área de Comunicación bajo la coordinación de la pastora Thaís Croitor. Fue la primera publicación de esta categoría que encontré en iglesias cristianas evangélicas en casi una década de trabajo como periodista, asesora y consultora en el medio cristiano. Quedé maravillada por la riqueza de su contenido. Con un lenguaje accesible, el manual permite que los lectores comprendan la visión y los valores de la iglesia. Aborda temas como: comunicación en la Biblia, aplicaciones de la logo-marca, asesoría para la prensa, fotografía y medios de comunicación social, entre otros.

También recibí el Manual de Comunicación (digital) de la Primera Iglesia Bautista de Curitiba, bajo el liderazgo de Albert Martins hijo. Es muy completo y presenta temas como: organigrama de la Comunicación de la iglesia, que abarca los medios como la televisión, la radio, las agencias, la multiplataforma (revista, página web, etc) y la operación en el Campus —que trata acerca de los voluntarios en los cultos. La publicación presenta los servicios prestados por el área, y también la enseñanza de cuestiones más técnicas, como el briefing o cómo utilizar la media, a través de ejemplos.

¿Tiene el deseo de crear un Manual de Comunicación para su iglesia? Invite a profesionales de distintas áreas para que integren el Consejo de la publicación. Incluya profesionales de: periodismo, publicidad, relaciones públicas, marketing, fotografía, gestión de personas, cine, televisión, páginas web, etc. En armonía con el liderazgo de su iglesia, debe quedar en claro cuál es la visión de la institución y las buenas prácticas a ser transmitidas a los demás colaboradores.

En breve lanzaré el Manual de Comunicación para las iglesias con información general que podrá ser utilizada por cualquier iglesia y ministerio, sin importar su denominación. Sígame en las redes sociales, que muy pronto publicaré novedades.

Capítulo 10

La música en la era digital

«La distribución de contenido en los medios digitales es vital para la industria musical» (Nelson Tristão).

«¡Adórenlo con alegría! ¡Vengan a su templo lanzando gritos de felicidad!» (Salmos 100:2).

La música es una de las formas más antiguas de expresión. En nuestro medio cristiano evangélico tiene mucho de la esencia de la fe que profesamos. Particularmente conocí a Jesucristo como mi Señor y Salvador luego de oír un CD que me prestaron. En esa época nunca había oído hablar de aquel grupo. El disco era «Preciso de Ti» [Necesito de Ti] del grupo *Diante do Trono.* Comencé a asistir a la Iglesia Bautista de Lagoinha por la música que escuché.

Recuerdo que, años atrás, los primeros temas musicales evangélicos que escuché en la década del '90 fueron a través de la radio (de la cantante brasileña Aline Barros) y de un cassette K7 (si no sabe qué es búsquelo en el Google) del grupo Elo.

La música pasó de escucharse en LP, CD, y luego DVD, a tener hoy una gran facilidad de acceder a ella por el medio digital y así acopiar gran cantidad de temas musicales. Existen herramientas de streaming, como el Deezer y el Spotify; y de video, como Netflix; y también la venta de temas musicales digitales en sitios como Google Play, Apple Music y más recientemente YouTube Music.

Hoy en día es mucho más fácil producir y grabar temas (o videos) y subirlos a Internet. Existen muchas personas que se hicieron conocidas a causa del medio digital. Mi especialidad no es la música, pero sí el medio digital. Sin embargo no podría publicar este libro sin hablar acerca de la importancia que tiene Internet para la música.

Aproveché mis dotes periodísticos para entrevistar a un entendido en la materia: Nelson Tristão, CEO del sello *Onimusic* y de la *Editora Adorando*, de Belo Horizonte, Brasil. La idea es poder presentar el escenario a músicos, cantantes, aquellos que integran un grupo musical o que están en el ministerio de alabanza y adoración.

A los 52 años «Nelsiño» —como lo suelen llamar sus amigos y colegas de la profesión— tiene 20 años de trayectoria en este medio. Actualmente el sello Onimusic está a cargo de alrededor de 40 ministros de alabanza y adoración. Entre ellos encontramos grandes nombres de la música cristiana brasileña, como Christie Tristão, Diante do Trono, Fernandinho, Livres – Juliano Son, Nívea Soares, Rodolfo Abrantes, 3 Palavrinhas. Además representa nombres como *Jesus Culture* y *Bethel Music*, muy conocidos en Brasil.

Elis Amâncio: ¿Para usted cuál es la importancia que tiene el medio digital para quienes trabajan en el área de la música?

Nelson Tristão: La distribución de contenido en los medios digitales es vital para la industria de la música. La tendencia es que cada vez más el consumo de la música migrará hacia ese formato. No creo en la extinción de los demás formatos, como el CD, el DVD y aun el LP —que volvió con mucha fuerza a partir de 2014. Creo que todos los medios pueden coexistir. Así como el alquiler de películas y la televisión por cable no hicieron que el teatro o el cine se extinguieran, entiendo que en la música todos los formatos continuarán funcionando. Y si nos referimos al formato digital específicamente, nuestro desafío es que se desarrolle lo máximo posible, poder sacar el mayor provecho de él y buscar la máxima eficiencia en su distribución. Se trata de un formato muy nuevo, que apenas está en sus comienzos.

Elis: ¿Usted se da cuenta de la diferencia que existe entre la música secular y la cristiana en cuanto a la forma de manejarse en el medio digital?

Nelson: Desde el punto de vista administrativo y de gestión de la distribución digital y de los derechos de autor, se trata de un proceso semejante. Debemos adquirir mayor conocimiento en esa área a fin de actuar adecuadamente. Desde el punto de vista conceptual, que en este caso traspasa el ámbito digital, la música secular tiene como objetivo ser una herramienta de entretenimiento. En cambio, la música cristiana tiene, o debería tener, el objetivo de servir de alimento para las personas. Este es un punto vital que es importante destacar. No todo lo que se lleva a cabo en el ámbito secular como estrategia de distribución y promoción se puede aplicar con la misma eficacia en el ámbito de la música cristiana, ya que esta tiene otro objetivo: servir de alimento. El motivo es simple: nos manejamos con contenidos que aunque parezcan idénticos tienen funciones totalmente diferentes. Para quienes se encuentran en el ámbito de la música cristiana el desafío es conocer y dominar muy bien todas las posibilidades de distribución y gestión de contenido digital, pero poniendo siempre ese conocimiento al servicio del propósito de la música cristiana: ser un canal de alimento espiritual para las personas.

Elis: Hace algún tiempo conversamos acerca de la realidad de que existe un cambio de comportamiento en el público, que cada vez adquiere menos productos fonográficos físicos y consume más música a través de las plataformas de streaming. ¿Se modificó algo desde 2014 a la actualidad?

Nelson: Sí. El Brasil es un país de dimensiones continentales. La iglesia evangélica del Brasil, según una estadística del año 2010 del IBGE, representa casi el 25% de la población brasileña. La tasa de crecimiento de la iglesia evangélica en las últimas dos décadas fue increíble, del orden del 6,5% anual. Trasladando esos datos a los años 2016/17, debemos decir que hay alrededor de 52 millones de evangélicos en el Brasil. En general los productos físicos de nuestro sector son distribuidos por cientos de librerías evangélicas en todo el país. No existe un dato preciso acerca de cuántas son, pero se estima que hay alrededor de 3.000 librerías evangélicas en el Brasil. Eso nos da un promedio de más de 170 mil clientes por tienda, o sea, sería humanamente imposible llevar a cabo una distribución eficiente de productos físicos para 170 mil clientes por punto de distribución. Este es un factor importante a ser considerado en la caída de las ventas físicas. No tiene que ver solo con el efecto de la oferta digital, aunque es obvio que es un punto importante, sino con este otro factor que acabo de mencionar. Desde dos años atrás a la actualidad tuvimos un crecimiento de la iglesia de alrededor de 7 millones de personas, y continuamos con los mismos canales de distribución. Por lo tanto, existe entonces un decrecimiento en las ventas a pesar de que tenemos una demanda creciente. Este es el nudo que debemos desatar para llevar a cabo una correcta distribución de los productos físicos, no solo de discos sino también de Biblias y libros.

Elis: ¿Existe algún cambio positivo en el hecho de usar servicios como YouTube, sitios de downloads y plataformas de streaming? ¿Se puede considerar que es un punto importante desde el punto de vista financiero?

Nelson: YouTube tiene un modelo muy interesante de compartir los derechos artísticos o autorales. Y obviamente se necesita que haya millones de visitas en una publicación para que represente algún rédito desde el punto de vista financiero. Las ventas de downloads están en caída en todo el mundo y hay un crecimiento del consumo de los servicios de streaming. En el caso del streaming la fórmula de cálculo para la distribución de los derechos es injusta, en mi opinión. Quien mira la fórmula y no la analiza bien a fondo hasta puede concluir que es justa, pero en mi opinión tiene una distorsión increíble. Los servicios de streaming en general realizan la distribución de esta forma: todos los ingresos que ellos recaudan en todo el mundo de parte de todos los usuarios quedan según el porcentaje de la plataforma, y el resultado líquido se divide entre todos los temas escuchados en la plataforma según el porcentaje que cada una representó en la audiencia de aquel período. Parece justo, pero no lo es. Está basado en un cálculo de media simple, y cualquier persona que entienda un poco de matemática sabe que el peor índice es la media simple. Deberían utilizar una fórmula de media ponderada. Simplificando la respuesta, el valor líquido de cada usuario debería ser distribuido solo entre los cantantes que él escuchó en ese período. Así, por ejemplo, si yo soy un abonado de streaming y escuché solo a cinco cantantes ese mes, el valor líquido de mi suscripción debería ser distribuido solo entre esos 5 cantantes. Así sería una distribución adecuada según el consumo de cada usuario. La fórmula actual coloca todo dentro de una misma bolsa y genera una distorsión del ingreso especialmente para los cantantes con menor audiencia a nivel mundial. Para los géneros musicales más específicos, como la música evangélica por ejemplo, o cualquier otro género con un público más cautivo, si alguien solicitara un modelo matemático que simulara las dos distribuciones vería como resultado que la mayoría de los cantantes de esas franjas específicas recibe menos de la mitad de lo que debería. Ese es un desafío para el futuro: que se produzca una distribución más justa de los ingresos del streaming, el cual está tendiendo a ser el formato más utilizado en algunos años.

Es importante también que los productores de contenido sepan escoger muy bien a qué servicio asociarse para su distribución. Investigar adecuadamente antes de tomar la decisión es siempre el mejor camino. En los medios digitales la peor receta es querer manejarse solo. De ese modo el riesgo de que el contenido quede «perdido en la larga fila de Internet» es inmenso.

Elis: En su opinión, ¿existe alguna plataforma de la cual ningún cantante se debería quedar afuera? Si es así, ¿cuál?

Nelson: Todas son importantes. Lo principal es que la persona estudie todas las posibilidades y encuentre los socios correctos para la distribución digital y gestión de sus derechos en la red.

Elis: Por otro lado, ¿existen plataformas de las que se podría prescindir?

Nelson: Yo no descartaría ninguna. Una complementa a la otra, y quedarse fuera de una de ellas sería dejar de explorar todas las posibilidades de oferta para ese contenido.

Elis: ¿Es más rentable hoy en día formar parte de estos servicios?

Nelson: Todo depende del volumen de audiencia que haya en el streaming, en YouTube y de la cantidad de downloads. En los medios digitales cada vez que alguien escucha o ve un tema la ganancia es mínima. Estamos hablando del orden de milésimas de centavos ganados cuando alguien escucha una canción en el Spotify, por ejemplo. Entonces lo importante es el volumen alcanzado.

Elis: Para una persona que está comenzando en el ámbito de la música, ¿le aconsejarías que suba sus temas a YouTube o a plataformas de streaming, como el Deezer o el Spotify? ¿Y a tiendas virtuales?

Nelson: ¡Sí! Y al mismo tiempo quisiera alertar a todos acerca de un tema poco conocido en el medio cristiano: el derecho autoral. Es común ver que la gente grabe versiones o temas musicales sin la autorización del autor o de su representante legal. Eso constituye una violación de la ley de derechos de autor en casi todos los países. No se puede utilizar la canción sin la autorización de su autor o su editor. Ello puede significar inclusive que una persona pierda su canal de YouTube. Por ejemplo, si un ministro de alabanza resuelve abrir un canal en YouTube y decide grabar canciones de otras personas, ya sean reversiones o no, y lo realiza sin el permiso de los autores o de sus editores está violando la ley de derechos de autor. Y existen mecanismos para que los propietarios de esos derechos puedan accionar, haciendo que el canal de esa persona sea eliminado de la plataforma, además de las sanciones legales que puede sufrir. Entonces antes de iniciar una grabación y realizar una distribución digital es necesario saber y entender cómo funciona la música desde el punto de vista legal, para hacer todo según lo determina la ley.

Elis: ¿Qué consejo le daría a aquellos que están comenzando en la música hoy? Principalmente, pensando en aquellas personas que aspiran a vender miles de CDs o a tener miles de visualizaciones en YouTube.

Nelson: Además de lo que dije recién sobre el cuidado que se debe tener con los derechos de autor, mi consejo es que si la persona realmente desea hacer de su música un instrumento que Dios pueda utilizar para llevar a cabo la misión que Él le encomendó, entonces, lo mejor es orar, leer la Biblia, ayunar, buscar a Dios intensamente y saber que en su tiempo las cosas sucederán. Lo peor que se puede hacer en estos casos es intentar abrir las puertas uno mismo. Eso nunca funcionó ni funcionará. Si queremos usar la música para hacer la obra de Dios debemos ser conscientes de que Él es quien decide todo, aún si alguna vez se producirá ese momento de explosión en el que miles y millones escuchen aquello que producimos. No a todos les ocurrirá y tampoco lo debemos hacer esperando eso. Debemos hacerlo deseando ser fieles a la misión dada por Dios, aunque eso signifique que seamos de influencia y sirvamos solo a una pequeña comunidad local. La dimensión de un ministerio musical no debe basarse en los miles y millones de ventas, downloads, seguidores, etc, sino en cuán fiel es la persona a lo que Dios quiere de ella. Y eso puede significar que Él quiera que a los ojos humanos sea un pequeño punto de referencia en un pequeño lugar. ¿Cuál sería el problema de que eso ocurriera si simplemente desea obedecer a Dios?

¡Inspiradora esta entrevista! ¿no? Si conoce a alguien que trabaja en el ámbito de la música compártasela. Es importante saber cómo funcionan las cuestiones técnicas y legales de la música en Internet.

Capítulo 11

Píldoras: dosis homeopáticas digitales

«Las buenas personas no precisan leyes que les digan cómo actuar de forma responsable, mientras que las malas personas encontrarán un modo de eludirlas» (Platón).

«Deja en manos de Dios todo lo que haces, y tus proyectos se harán realidad» (Proverbios 16:3).

Dedico aquí algunas rápidas reflexiones que servirán para el uso personal, ministerial o profesional de la Social Media.

La Biblia nos enseña que conocemos al árbol por sus frutos. Pero muchos se olvidan de que lo que publican en sus redes sociales también son «frutos».

#ParaPensar

- ¿Usted diría en público lo que comparte en sus redes sociales? No se exponga tanto.
- ¿Desea copiar lo que alguien publicó? ¡Copie a Jesús! Evite que sus publicaciones sean más de lo mismo.
- No responda lo que no le preguntaron. ¡Cuánta gente entra en discusiones que no son de su incumbencia!
- ¡Cuidado con las indirectas «cristianas», inclusive utilizando versículos! Generalmente llegan a la persona equivocada.
- ¡Mucho cuidado con los errores de ortografía! Revise siempre el texto antes de publicarlo. Y vuelva a revisarlo.
- ¡Cuidado con el abuso del gerundio! El famoso «vamos a estar volviendo» puede ocasionar el fenómeno: «Vamos a estar dejándote de seguir».
- Encuentre un punto de equilibrio para el lenguaje que utiliza en sus publicaciones. Ni demasiado formal ni demasiado informal. Por ejemplo: «He aquí vengo a desearles un hermoso día desde el Facebook». ¿Cómo?
- No utilice sus redes sociales como diván. ¿Necesita desahogarse? Que tal salir un poco de Internet.
- Cuidado con la improductividad. En una charla a la que asistí escuché que desbloqueamos la pantalla de nuestro celular hasta 150 veces al día. Deshabilite el máximo de notificaciones de su celular y de su computadora para que no estorben su productividad.
- Establezca horarios para estar en Internet y para entrar a sus redes sociales. Nadie puede estar on-line todo el tiempo. Cuidado con el vicio.
- Padres, ¡cuidado con el tiempo que dejan a sus hijos en Internet! Establezca una rutina para su utilización. Y, por supuesto, supervise los sitios a los que acceden.
- Padres, ¡**mucho cuidado** con el exceso de publicaciones de fotografías y videos de sus hijos en las redes sociales!

Imágenes de ellos bañándose, durmiendo, comiendo, mostrando el uniforme de la escuela, haciendo cualquier actividad… ¿Es realmente necesario?

- Atención con el rastro (huellas) digital que está dejando en Internet con su nombre y el nombre de sus hijos. ¿Recuerda la prueba de buscar su nombre en el Google?
- Creyente, ¡tenga mucho cuidado con las fotografías que publica en su perfil o portada de las redes sociales! ¿Es realmente necesario publicar imágenes sensuales, con el torso desnudo o en traje de baño?
- ¡Cuidado con lo que escribe en sus redes sociales mientras está mirando partidos de fútbol por televisión! Mucha gente escribe cosas inapropiadas en esos momentos. ¿Y el buen testimonio?
- Practique cómo escribir. Mire videos y charlas en YouTube que hablen del tema. No tenga miedo de aprender.
- ¿Utiliza las redes sociales? No le queda otra opción. Para obtener buenos resultados es necesario la dedicación y actualización constantes. Y no se olvide de la planificación.
- Publicar backstages de eventos está bien. Pero evite excederse.
- Cuidado con la sobreexposición: dar excesiva información en las redes sociales. ¿Sabe lo que es el *Oversharing*? Se trata del «famoso» compartir algo que no es conveniente. Puede estar relacionado con su vida personal, ministerial o profesional.
- Acepte las críticas. Son importantes para su autoevaluación.
- Haga que su sitio o blog sea de fácil acceso, o sea que se pueda acceder a él mediante un Smartphone o Tablet.
- Comparta conocimientos.
- Sea usted mismo.

Capítulo 12

Follow (seguir)

«Dentro de la caja solo se puede contemplar lo obvio. Fuera de ella no hay límites.»
(Flávio Augusto da Silva – Generación de Valor).

«¡Sígueme!» (Mateo 8:22b).

Seleccioné en este capítulo perfiles de personas y marcas que hacen que el muro de todas mis plataformas sea más interesante. Algunos son más técnicos y otros cristianos.

La diversidad de contenido que consumo en Internet ha sido importante para mi aprendizaje, actualización e inspiración. Pude comprobar la importancia que tiene aprender nuevos conceptos que no necesariamente tengan que ver con mi trabajo, pero que de algún modo transforman mi día a día.

Para acceder a las plataformas a las que yo suelo entrar, basta copiar los siguientes nombres en su navegador. ¡Espero que ponga tantos «me gusta» como yo lo hice!

A quiénes seguir

- Agua Viva (Perú).
- Bobby Gruenewald (Life Church).
- Casa de Dios (Guatemala).
- Cash Luna (Casa de Dios).
- Craig Groeschel (Life Church).
- Hillsong Buenos Aires (Argentina).
- Hillsong São Paulo (Brasil).
- Hubspot.
- Igreja Batista da Lagoinha (Brasil).
- Iglesia CFA (Paraguay).
- Iglesia Cristiana Manantial (Colombia).
- Life Church (Estados Unidos).
- Luciano Larrossa.
- Mashable.
- Statista.org
- Social Media Today.
- Soul Church (Panamá).
- TEDx Talks.
- We Are Social.
- YouVersion.

Epílogo

Publicar un libro acerca del medio digital es un gran desafío. Uno corre el riesgo de que se transforme en algo obsoleto (y ciertamente lo será) antes de ser publicado. Vivimos en la era en la que todo cambia rápidamente, y más aún en lo referente a las redes sociales y a la tecnología. Pero, aun así, decidí correr el riesgo.

Hace 11 años que trabajo en el área de Comunicación de la iglesia. He vivido y visto muchas cosas. Y fue a partir de mis observaciones que surgió el deseo en mi corazón de compartir todo lo aprendido, ya sea como oradora, profesora, consultora, bloguera o escritora. No fue nada fácil reunir tantos *insights* y referencias en este material, pero me tomé el trabajo con el objetivo de poder contribuir a que las iglesias y ministerios tengan mayor presencia en el medio digital, y así transmitir el mensaje del Reino de Dios.

La idea de esta publicación no es afirmar que Internet es la gran panacea de la comunicación mundial, pero sí un importante vehículo para que junto a todas las demás actividades que la iglesia y los ministerios desarrollan puedan alcanzar un resultado más eficiente. Claro, sin pretender agotar un tema tan vasto y amplio como es el medio digital.

El libro *Social Media en la Iglesia* es, en verdad, el comienzo de una charla que usted podrá continuar en Internet, entrando a mi blog, a mis redes sociales o a mi comunidad en Facebook —homónima al título de este libro. Espero que al terminar su lectura se sienta motivado a actuar de un modo diferente. Escuché hace poco que la Comunicación no es un área de la iglesia, la Comunicación **es la iglesia**.

Que pueda servir con los ojos fijos en el Autor de nuestra salvación, ¡creyendo que quien comenzó la obra es fiel!

Puede enviarme su opinión acerca de este libro, o invitarme a dar charlas o a hacer consultorías, a la siguiente dirección de correo electrónico: contato@elisamancio.com.br

También puede enviarme un mensaje por WhatsApp al: +55 31 9502-1305

Referencias

ANDERSON, Chris. *A Cauda Longa* [La larga fila]. Río de Janeiro: Elsevier, 2006.

AZARITE, Ricardo; MONTEIRO, Diego. Monitoreo y métricas de la Social Media: *Do estagiário ao CEO* [De pasante a CEO]. São Paulo: DVS Editora, 2012.

Los brasileños pasan en promedio 9,7 horas semanales en las redes sociales. 03 de enero de 2016. http://bit. ly/1PtwWLo

Biblia - versión Digital YouVersion - TLA (Traducción al Lenguaje Actual).

CAMARGO, Raquel. Facebook y Snapchat para negocios. PDF. Acceso: mayo de 2016.

Cómo armar un plan de Comunicación. 05 de marzo de 2016. http://bit.ly/1Ticroj.

Consultor de Comunicación. ¿Para qué? 03 de enero de 2016. http://bit.ly/1VmFmYW.

CHATFIELD, Tom. *Como viver na era digital* [Cómo vivir en la era digital] Río de Janeiro: Objetiva, 2012.

COPE. Landa. *Modelo Social do Antigo Testamento* [Modelo Social del Antiguo Testamento]. Editora Jocum. Almirante Tamandaré/PR, Brasil.

Digital 2019. Report by We Are Social/Hootsuite.

Digital 2019 Brazil. Reportado por We Are Social/Hootsuite.

FERNANDES, Luís Flávio; RIOS, Rosana. Encuadernación. São Paulo: Panda Books, 2011.

GABRIEL, Martha. *Marketing na Era Digital* [Marketing en la era digital]. São Paulo: Novatec Editora, 2010.

GIARDELLI, Gil. *Você é o que você compartilha* [Usted es lo que comparte]. São Paulo: Editora Gente, 2012.

GOLDMAN, Aaron. *Nos bastidores do Google* [El detrás de escena del Google]. São Paulo: Saraiva, 2011.

GONÇALVES, Douglas. Jesus Copy. *A revolução das cópias de Jesus* [La revolución de los escritos de Jesús]. São Paulo: Mundo Cristão. 2016.

Igreja recorre a redes sociais para alcançar jovens [La iglesia recurre a las redes sociales para alcanzar a los jóvenes] Exame. 12/08/2011. Acceso: 03 de enero de 2016. http://abr.ai/1WrBgjc.

KIRKPATRICK, David. *O efeito Facebook* [El efecto Facebook]. Río de Janeiro: Intrínseca, 2011.

KOTLER, Philip; KARTAJAYA, Hermawan; SETIAWAN, Iwan. Marketing 4.0. Río de Janeiro: Sextante, 2017.

KOTLER, Philip. *Marketing da A a Z* [Marketing de la A a la Z]. Río de Janeiro: Campus, 2003.

KOTLER, Philip. *O Marketing sem segredos* [El Marketing sin secretos]. Porto Alegre: Bookman, 2005.

Leading social networks worldwide as of April 2017, ranked by number of active users (in millions) [Liderando las redes sociales a nivel mundial, a partir de abril de 2017, clasificadas por número de usuarios activos (en millones)]. Acceso: 01 mayo de 2017. http://bit.ly/2oYT0UH

Manual de Comunicação Bola de Neve Church [Manual de Comunicación de la Iglesia Bola de Nieve]. São Paulo: 2015.

MAFEI, Maristela. *Assessoria de Imprensa* [Asesoría de prensa]. São Paulo: Contexto, 2004.

Marketing 3.0. Elsevier. Acceso: 26 mayo de 2016. http://bit.ly/1skBKuV.

O que é Comunicação? Conceito de [¿Qué es la Comunicación? Concepto]. Acceso: 05 de marzo de 2016. http://bit.ly/1L8C2O3.

O que é hashtag? [¿Qué es el hashtag?] Canal Tech. Acceso: 03 de junio de 2016. http:// bit.ly/25GOJZO.

O que faz um consultor de Marketing Digital [¿Qué hace un consultor de Marketing Digital?]. Acceso: 03 de enero de 2016. http://bit.ly/1TL0WUs.

PEÇANHA, Vitor. *Enciclopédia do Marketing de Conteúdo* [Enciclopedia del Marketing de Contenido]. Rock Content. E-book/Libro digital.

Una investigación demuestra que el 58% de la población brasileña usa Internet. Acceso: 01 de mayo de 2017. http://bit.ly/2qptycL

Plano de Comunicação Endeavor [Plan de Comunicación Endeavor]. Acceso: 05 de marzo de 2016. http://bit.ly/1TzUi5Y

Population Reference Bureau. Acceso: 03 de enero de 2016. http://www.prb. org/

Quais são as redes sociais mais acessadas do Brasil [¿Cuáles son las redes sociales más visitadas del Brasil?] Acceso: 01 de mayo de 2017. http://bit.ly/2p1NUb5

Redes Sociais mais acessadas no Brasil [Redes sociales más visitadas en el Brasil]. Acceso: 01 de mayo de 2017. http://bit.ly/2qqeCeD

El Snapchat supera al Twitter en número de usuarios activos por día. Acceso: 03 de junio de 2016. http://glo.bo/1UBiFhk.

SILVA. Flávio Augusto da. *Geração de Valor* [Generación de Valor]. Río de Janeiro: Sextante, 2014.

TELLES, André. *A revolução das Mídias Sociais* [La revolución de la Social Media]. São Paulo: M. Books, 2011

Acerca de la autora

Elis Amâncio

Es una periodista brasileña, graduada en la Universidad Estácio de Sá, de Belo Horizonte, Minas Gerais, Brasil. Con un *«Master in Business Administration»* [postgrado] en Comunicación Digital y Social Media otorgado por el Centro Universitario UNA, y en Marketing Digital otorgado por la PUC (Pontificia Universidad Católica) de Minas Gerais. Es consultora, bloguera, profesora y conferencista de Social Media con énfasis en el segmento evangélico, habiendo cumplido en 2017 una década de trabajo en el medio.

Es profesora de Social Media en el Seminario Teológico Carisma, de Belo Horizonte, Minas Gerais, en los cursos *Escola de Mestres* [Escuela de Maestros] y *Eventos.* También ejerció como profesora en el *Centro de Treinamento Ministerial Diante do Trono* (CTMDT) [Centro de Entrenamiento Ministerial «Diante do Trono»] y en el Instituto Nissi de misiones (Jehová Nissi), en Ibiúna, San Pablo; y en otras instituciones como profesora invitada.

Dio más de 120 conferencias en todo el Brasil. Estuvo en iglesias como: Lagoinha, Bola de Neve, Alcance, Verbo da Vida, Metodista, ADVEC, Igreja Batista Betânia, Igreja da Cidade, PIB Curitiba, Presbiteriana, y en eventos como Expo Cristã, Social

Media Week SP —el mayor evento de social media del mundo, en Sebrae Reload, PUC Minas, Church Tech Expo, entre otros.

Es bloguera desde 2003, habiendo sobrevivido a la era de los blogs, flogs y al trabajo profesional en el Orkut (una red social muy popular en Brasil y otros países, que cerró en 2014), sin haberle quedado secuelas por eso. Es una gran entusiasta del medio digital, como herramienta para hablar de las buenas nuevas del reino de Dios. Es madre de una adolescente, Sarah, quien es su consultora privada en redes sociales como Instagram, Twitter, Tik Tok, memes y otras cositas más; y esposa de Renato Lied.

Puede conocer más sobre ella entrando a:

Página web: www.elisamancio.com.br
Blog: www.elisamancio.com.br/blog
Todas las redes sociales: Elis Amâncio.
Lista de Difusión: Puede escribirle por WhatsApp desde el exterior al: +55 31 9502-1305
YouTube: youtube.com/elisamancio
Conferencias, entrenamientos y consultorías a:
contato@elisamancio.com.br
Y para comunicarse telefónicamente desde el exterior hacerlo al número: (55 31) 9502-1305.